A essência da comunicação não violenta segundo Marshall B. Rosenberg

CIP-BRASIL. CATALOGAÇÃO NA PUBLICAÇÃO
SINDICATO NACIONAL DOS EDITORES DE LIVROS, RJ

R724e

Rosenberg, Marshall B.
   A essência da comunicação não violenta segundo Marshall B.
Rosenberg / Marshall B. Rosenberg ; compilação Julie Stiles ; tradução Débora Isidoro ; prefácio Valentina D. Rosenberg. - 1. ed. - São Paulo : Ágora, 2024.
   312 p. ; 21 cm.

   Tradução de: The nonviolent communication book of quotes
   ISBN 978-85-7183-341-8

   1. Rosenberg, Marshall B.- Citações. 2. Comunicação - Aspectos psicológicos - Citações, máximas, etc. 3. Comunicação interpessoal - Citações, máximas, etc. 4. Relações interpessoais - Citações, máximas, etc. 5. Conflito interpessoal. - Citações, máximas etc. I. Stiles, Julie. II. Isidoro, Débora. III. Rosenberg, Valentina D. IV. Título.

24-93053
CDD: 153.6
CDU: 316.47:316.772.4

Meri Gleice Rodrigues de Souza - Bibliotecária - CRB-7/6439

Compre em lugar de fotocopiar.
Cada real que você dá por um livro recompensa seus autores
e os convida a produzir mais sobre o tema;
incentiva seus editores a encomendar, traduzir e publicar
outras obras sobre o assunto;
e paga aos livreiros por estocar e levar até você livros
para a sua informação e o seu entretenimento.
Cada real que você dá pela fotocópia não autorizada de um livro
financia o crime
e ajuda a matar a produção intelectual de seu país.

A essência da comunicação não violenta segundo Marshall B. Rosenberg

Compilado por Julie Stiles

Prefácio de Valentina D. Rosenberg

Tradução do livro *The nonviolent communication book of quotes*, ISBN 9781934336465, de Marshall B. Rosenberg. Copyright © setembro de 2023 by PuddleDancer Press, publicado por PuddleDancer Press. Todos os direitos reservados. Usado sob licença. Para mais informações sobre a comunicação não violenta, visite o Center for Nonviolent Communication na internet: www.cnvc.org

Translated from the book *The nonviolent communication book of quotes*, ISBN 9781934336465, by Marshall B. Rosenberg. Copyright © September 2023 PuddleDancer Press, published by PuddleDancer Press. All rights reserved. Used with permission. For further information about Nonviolent Communication[TM], please visit the Center for Nonviolent Communication on the Web: www.cnvc.org

Direitos desta tradução adquiridos por Summus Editorial

Editora executiva: **Soraia Bini Cury**
Coordenação editorial: **Janaína Marcoantonio**
Tradução: **Débora Isidoro**
Revisão técnica: **Nolah Lima (Instituto CNV Brasil)**
Preparação: **Karina Gercke**
Revisão: **Samara dos Santos Reis
e Mariana Marcoantonio**
Capa: **Buono Disegno**
Projeto gráfico: **Alberto Mateus**
Diagramação: **Natalia Aranda**

Editora Ágora

Departamento editorial
Rua Itapicuru, 613 – 7º andar
05006-000 – São Paulo – SP
Fone: (11) 3872-3322
http://www.editoraagora.com.br
e-mail: agora@editoraagora.com.br

Atendimento ao consumidor
Summus Editorial
Fone: (11) 3865-9890

Vendas por atacado
Fone: (11) 3873-8638
e-mail: vendas@summus.com.br

Impresso no Brasil

Sumário

Prefácio 7

Introdução 9

Como usar este livro 11

Parte I As bases da comunicação não violenta 13
1 O que é comunicação não violenta? 15
2 As intenções e o conhecimento por trás da CNV 65

Parte II Barreiras para a incorporação da CNV 85
3 Como o condicionamento cultural atrapalha 87
4 A tragédia do julgamento 91
5 O poder da linguagem 103

Parte III As duas partes da CNV: empatia e expressão 117
6 O dom da empatia 119
7 Expressar-se usando CNV 139
8 Emoções difíceis: raiva, depressão, culpa e vergonha 147

Parte IV CNV nos relacionamentos 167
9 Estar em um relacionamento 169
10 Cura e reconciliação 191
11 Resolução de conflitos 199
12 Parentalidade 207

Parte V CNV na sociedade 213

13 Poder e punição 215

14 Aprendizagem que serve à vida 229

15 Educar nossas crianças 243

16 CNV no trabalho 255

17 Transformar a nós mesmos e aos outros 259

18 Transformação social 263

Parte VI CNV como estilo de vida 269

19 Entender nossa responsabilidade 271

20 Compartilhar nossa apreciação e gratidão 275

21 Práticas diárias 283

Obras citadas 293

Resumo de conceitos básicos da comunicação
não violenta 299

Distinção entre sentimentos e pseudossentimentos 301

Pesquisa em comunicação não violenta 305

Sobre o Center for Nonviolent Communication 307

Prefácio

Minha experiência inicial ao ler esta obra foi avassaladora! Fiquei dividida, triste, inspirada e emocionada. Tive de interromper a leitura várias vezes para praticar autoempatia, permitindo-me um tempo para processar o que sentia e necessitava. Fiquei surpresa com essas emoções fortes. Eu não estava preparada para elas e, de início, não queria abordá-las. No entanto, à medida que continuei a leitura, os tremores foram substituídos por sentimentos de afeto, ternura, prazer, uma dor compassiva, verdade, sinceridade e uma profunda conexão com a presença do meu querido Marshall.

Esta obra me permitiu reviver a vida aventurosa que dividi com Marshall enquanto ele difundia incansavelmente seu trabalho pelo mundo. Ela capta a essência do espírito de Marshall e de sua presença exuberante. Pude sentir, ver e ouvir sua voz poderosa, o som de seu violão, o canto, a risada — como ele compartilhava comunicação não violenta com toda pessoa que tocava!

A sequência dos capítulos faz o livro ganhar vida e profundidade, percepção e consciência de como escolhemos viver e usar as palavras. A progressão nos conecta ao coração e fornece meios mais saudáveis para nos apoiarmos e unirmos com amor e paz pela mais elevada harmonia de todos os envolvidos. Os capítulos fluem com graça, elegância e um poder carismático que trouxeram lágrimas e sorrisos ao meu coração. O fortalecimento da presença de meu amado Marshall no livro recuperou a essência da minha "vivacidade", tão profundamente conectada à beleza de meus sentimentos e necessidades.

Durante minhas viagens com Marshall, tive a alegria de presenciar centenas de pessoas pelo mundo ouvirem falar de comunicação não violenta pela primeira vez. Vi o rosto dessas pessoas se iluminar e vibrar com uma energia calma, curiosa, que agora reconheço como a mesma "vivacidade" que eu senti quando terminei a leitura das últimas páginas deste livro oportuno e valioso.

Mais importante, estas palavras podem inspirar esperança, coragem, conhecimento e tranquilidade para cocriarmos e praticarmos novas maneiras de apoiar uns aos outros enquanto seguimos vivendo com pandemias, guerras, discriminação, mudanças climáticas, ódio, fome, incerteza e assim por diante. As palavras de meu amado Marshall podem nos capacitar para viver com amor, cuidado, compaixão, paz, sinceridade, paixão, propósito, gratidão, humor e respeito! Imagino que este livro vai nos motivar a focar em viver a vida com graça e força, aprendendo a celebrá-la com vontade, bondade, curiosidade e alegria, e nos conectando ao coração e ao espírito com paz divina e amor em ação.

Minha gratidão a todos da PuddleDancer Press que ajudaram a cocriar essa dinâmica e transformadora coleção de palavras de Marshall. Estou profundamente emocionada com o trabalho de vocês para reunir o conhecimento, a dedicação e a autenticidade das palavras de Marshall em uma fonte única que homenageia e reconhece sua incansável paixão, vivacidade, clareza, compaixão e graça — tudo que torna este livro possível e vivo! Ele tem o poder de elevar nosso espírito e nos lembrar de permanecer conectados com o precioso significado e propósito de nossa vida.

Valentina D. Rosenberg

Introdução

A **comunicação não** violenta (CNV) começou com um homem buscando novas formas de se comunicar que proporcionassem alternativas pacíficas à violência que ele via crescer. Esse homem era Marshall Rosenberg. Com base em sua experiência de vida — que inclui um doutorado em Psicologia Clínica e o trabalho com Carl Rogers, um dos fundadores da pesquisa em psicologia, além do estudo de religião comparada —, Rosenberg desenvolveu o processo de CNV a partir da década de 1960.

Ao longo dos 50 anos seguintes, Rosenberg usaria esse processo em uma variedade de cenários, de projetos de integração escolar a programas de paz em regiões do mundo devastadas pela guerra. Treinaria dezenas de milhares de pessoas em mais de 60 países, impactando todas as áreas da vida humana e alcançando indivíduos em todos os tipos de profissões e circunstâncias. Nos anos 1980, ele fundou o Center for Nonviolent Communication e atuou como seu diretor para serviços educacionais durante décadas, criando um programa de treinamento certificado, que hoje tem 650 profissionais de CNV espalhados por cinco continentes.

Em décadas escrevendo e ensinando sobre os princípios e a aplicação da comunicação não violenta, Marshall atingiu, com seu estilo direto, íntimo, bem-humorado e influente, milhares de pessoas pelo mundo, por intermédio de incontáveis *workshops* e de seus 15 livros publicados. Esta obra reúne, pela primeira vez, citações diretas extraídas de todos os campos de sua vida profissional.

Muita gente leu um ou mais de seus livros, mas os *workshops* de Rosenberg atingiram menos pessoas, embora tenham exercido profundo impacto naquelas que deles participaram. As palavras reunidas neste livro levam sua sabedoria nesses dois campos — lecionando e escrevendo — para mais pessoas. Com ele, esperamos também compartilhar diretamente o significado da comunicação não violenta com as palavras vívidas, envolventes, sinceras e divertidas do próprio Marshall, seja você novo na CNV ou um estudante ou praticante de longa data.

Para criar esta obra, revimos todos os livros de Rosenberg em busca de trechos que parecessem especialmente relevantes, além de recolhermos material de *workshops* que se destacava por sua relevância e "citabilidade". As citações foram organizadas por tópicos, e depois dentro de cada tópico. Para facilitar as referências, acrescentamos números sobrescritos depois de cada citação. Esses números remetem às fontes listadas na seção "Obras citadas" (na página 293).

Como usar este livro

Se você é novo em comunicação não violenta, ler este livro na ordem em que foi escrito lhe dará uma boa visão de todas as obras de Rosenberg, nas palavras dele mesmo. Ainda recomendamos que você leia *Comunicação não violenta — Técnicas para aprimorar relacionamentos pessoais e profissionais* para ter uma base sólida, mas este livro será um excelente complemento para aprofundar sua compreensão.

Começamos com o básico sobre comunicação não violenta — o que é, a atitude subjacente de entregar-se de coração e seus quatro componentes fundamentais: observações, sentimentos, necessidades e pedidos. Como comunicação não violenta tem tanto (ou até mais) que ver com intenção quanto com técnica, o capítulo seguinte abrange o conhecimento produzido sobre o tema. Em seguida, vários capítulos abordam seus aspectos mais filosóficos, inclusive o poder do condicionamento cultural; como atitudes de julgamento e certo/errado atrapalham; e a ligação entre linguagem e violência. A partir daí, o livro apresenta citações sobre os conceitos fundamentais de empatia e expressão. Depois desse material de base, há uma imensa variedade de aplicações da comunicação não violenta em diferentes áreas da vida.

Como com qualquer obra, existem palavras e frases que são específicas da cultura e do pensamento de comunicação não violenta, uma espécie de "linguagem interna" que, quando você a entende, fornece um atalho para os conceitos que são abordados. Padronizamos esses termos neste livro. Se você é um praticante experiente, talvez os tenha visto utilizados de maneiras distintas em outros lugares. Se você é novo na comunicação não violenta, talvez não os conheça. Mas esteja certo de que escolhemos citações — às vezes diversas delas — que explicam esses termos para que você os entenda, e entenda como e por que Marshall escolheu usá-los. Entre esses termos específicos da CNV estão: energia divina; sistema de dominação ou dominação; imagens do inimigo; girafa; chacal; sistema que enriquece a vida; educação que enriquece a vida; poder-sobre e poder-com; autoempatia; pleno e plenitude; e girafa de rua.

Se você tem alguma familiaridade com a comunicação não violenta, pode enxergar este livro como uma reciclagem e decidir entre ler na sequência normal ou ir direto para os tópicos que considera particularmente interessantes. Esta pode ser mais uma fonte para aprofundar sua compreensão do pensamento de Marshall a respeito de uma variedade de temas e para aplicar a CNV em todas as áreas da sua vida. À medida que você ampliar seu entendimento, voltar a este livro várias vezes permitirá o surgimento de novos *insights* e percepções.

Independentemente de você ter tido ou não o privilégio de sentir o poder dos ensinamentos de Rosenberg, esperamos que este livro o inspire e fortaleça em sua caminhada por um mundo cada vez mais complexo, em constante transformação.

Julie Stiles, compiladora

Parte I

As bases da comunicação não violenta

"Esse processo tem que ver com dar e receber com compaixão."[21]

1

O que é comunicação não violenta?

Intrinsecamente, a comunicação não violenta é o modo mais poderoso e rápido que encontrei para fazer as pessoas saírem de formas de pensar em que desejam ferir umas às outras e passarem a gostar de se doar umas às outras.[6]

)(

Doar-se significa expressar com sinceridade o que está vivo em nós neste momento. [...] E o outro jeito de nos doarmos é por intermédio de como recebemos a mensagem de outra pessoa. Recebê-la com empatia, conectando-se com o que está vivo no outro, sem julgar. Só ouvindo o que está vivo no outro e do que ele gostaria. Assim, comunicação não violenta é só uma manifestação do que entendo que seja o amor.[6]

)(

Esse processo tem tudo que ver com dar e receber com compaixão — o que penso que precisamos saber fazer extremamente bem, se pretendemos gostar de estar com seres humanos. Precisamos saber nos conectar de uma maneira em que seja possível dar e receber com compaixão.[21]

><

A cooperação autêntica é inspirada quando os participantes confiam que suas necessidades e seus valores serão tratados com respeito. O processo de comunicação não violenta é baseado em práticas respeitosas para promover a cooperação autêntica.[11]

><

Comunicação não violenta é, na verdade, a integração de uma certa espiritualidade com ferramentas concretas para que essa espiritualidade se manifeste em nossa vida diária, nossos relacionamentos, nossas atividades políticas.[8]

><

Em nosso treinamento, não queremos apenas que as pessoas aprendam como a comunicação não violenta pode ser usada para transformar nosso mundo interior; queremos que elas vejam como a CNV pode ser usada para criar o mundo exterior em que desejamos viver.[8]

><

A CNV baseia-se em habilidades de linguagem e comunicação que fortalecem nossa capacidade de manter a humanidade, mesmo em condições adversas. Ela não tem nada de novo; tudo que compõe a CNV já era conhecido havia séculos. O objetivo é lembrar o que já sabemos — como nós, humanos, deveríamos nos relacionar — e viver de modo que esse conhecimento se manifeste concretamente. A CNV nos orienta a reformular a maneira de nos expressarmos e ouvirmos os outros. Em vez de

O que é comunicação não violenta?

reações repetitivas e automáticas, as respostas tornam-se respostas conscientes, firmemente fundadas na consciência do que percebemos, sentimos e desejamos. Somos levados a expressar--nos com sinceridade e clareza, ao mesmo tempo em que damos aos outros uma atenção respeitosa e empática. Em toda conversa, acabamos captando nossas necessidades mais profundas e as das outras pessoas. A CNV nos ensina a observar com cuidado e a sermos capazes de identificar os comportamentos e as situações que nos afetam. Aprendemos a identificar e expressar claramente o que de fato desejamos em qualquer situação. A forma é simples, mas profundamente transformadora.[5]

)(

A CNV observa se as necessidades das outras pessoas estão sendo atendidas e, se não, verifica o que pode ser feito para atendê-las. Ela mostra como nos expressarmos para aumentar a probabilidade de que outros se disponham espontaneamente a contribuir para o nosso bem-estar. Também mostra como receber as mensagens dos outros de maneira a aumentar a probabilidade de contribuirmos espontaneamente para seu bem-estar.[9]

)(

O que de fato buscamos aqui é manter a atenção conectada à vida a cada instante. Nós nos conectamos à vida que está acontecendo em nós, às nossas necessidades neste momento, e focamos a atenção na vida que está acontecendo em outras pessoas.[9]

)(

Os seres humanos podem mudar o jeito de pensar e se comunicar. Podem se tratar com muito mais respeito e podem aprender a partir de suas limitações, sem se odiarem. Ensinamos isso às pessoas. Mostramos a elas um processo que as ajuda a se conectar com as pessoas mais próximas de um jeito que lhes permita desfrutar de intimidade mais intensa, doar-se umas às outras com mais prazer e não se prender a fazer coisas por obrigação, dever, culpa, vergonha e outros fatores que destroem relacionamentos íntimos.[1]

)(

A CNV nos ajuda a aprender a criar paz dentro de nós quando há um conflito entre o que fazemos e o que queríamos ter feito. Se somos violentos conosco, como vamos contribuir para criar um mundo de paz? A paz começa dentro de nós. Não estou dizendo que é preciso se libertar por completo de todo o aprendizado de violência interna antes de olhar para fora de nós, para o mundo, ou de ver como podemos contribuir para a transformação social em um nível mais amplo. Estou dizendo que é preciso fazer essas coisas de forma simultânea.[8]

)(

Na comunicação não violenta, tentamos manter a atenção focada respondendo a duas perguntas importantes: "O que está vivo em nós?" e "O que podemos fazer para tornar a vida mais maravilhosa?"

A primeira, "O que está vivo em mim; o que está vivo em você?" é uma pergunta que, no mundo inteiro, as pessoas fazem umas às outras quando se encontram: "Como vai?"

Infelizmente, embora muitas façam a pergunta, poucas sabem ao certo como responder bem, porque não fomos educados em uma linguagem de vida. Não nos ensinaram a responder a essa pergunta de verdade. Nós a formulamos, sim, mas não sabemos respondê-la. A comunicação não violenta, como veremos, sugere como podemos informar às pessoas o que está vivo em nós. Ela mostra como podemos nos conectar com o que está vivo em outras pessoas, mesmo que não haja palavras para isso.[6]

O que é comunicação não violenta?

)(

A **comunicação não** violenta nos ensina um jeito de descobrir o que está vivo nos outros seres humanos. Ela também nos mostra um jeito de ver a beleza no outro em qualquer momento, independentemente de seu comportamento ou linguagem. Isso requer uma conexão com os sentimentos e as necessidades da outra pessoa neste momento. É isso que está vivo nela. E, quando nos conectamos, nós a ouvimos cantando uma canção extremamente bela.[8]

)(

Tenho necessidade de segurança, diversão, distribuição de recursos, uma vida sustentável no planeta. A CNV é uma estratégia que serve para atender a essas necessidades.[34]

)(

À medida que a CNV substitui nossos antigos padrões de defesa, retraimento ou ataque diante de julgamento ou críticas, passamos a perceber a nós mesmos e aos outros, bem como nossas intenções e nossos relacionamentos, sob uma nova luz. Resistência, atitudes defensivas e reações violentas são minimizadas.[34]

)(

Nós, seres humanos, somos muito poderosos. A cada momento, temos essa possibilidade de enriquecer a vida. E descobri que não há nada de que as pessoas no mundo gostem mais do que usar esse poder a serviço da vida.[26]

Origens, objetivo e uso da comunicação não violenta

De onde veio a CNV?

A CNV se desenvolveu a partir do meu grande interesse por duas questões. Primeiro, eu queria entender melhor o que acontece com os seres humanos que leva alguns a se comportarem de maneira violenta e aproveitadora. Segundo, queria entender melhor que tipo de educação nos auxilia na tentativa de permanecer compassivos — o que, acredito, é nossa natureza — mesmo quando os outros estão se comportando de maneira violenta ou aproveitadora.

Ao examinar essas duas questões, descobri que três fatores são muito importantes para compreender por que alguns de nós respondemos de forma violenta e outros de maneira compassiva em situações similares. Esses fatores são:

1. A linguagem que fomos educados para usar.
2. A maneira como nos ensinaram a pensar e a nos comunicar.
3. As estratégias específicas que aprendemos para influenciar a nós mesmos e aos outros.[9]

⋇

Decidi fazer um tipo diferente de pesquisa para observar as pessoas que mais respeito, que se mostravam as mais compassivas, que pareciam gostar de se doar aos outros. Tentei entender: em que elas eram diferentes dos indivíduos que gostavam de criticar, culpar e atacar os outros?[31]

⋇

A comunicação não violenta se desenvolveu a partir da tentativa de me tornar consciente da energia do divino amado e de me conectar com ela.[6]

O que é comunicação não violenta?

)(

A comunicação não violenta se originou da minha tentativa de entender esse conceito de amor e como manifestá-lo, como levar isso a cabo. Cheguei à conclusão de que não é só algo que sentimos, mas algo que manifestamos, algo que fazemos, algo que temos. E o que é essa manifestação? É nos doar de uma certa maneira.[6]

)(

Enquanto estudava os fatores que afetam nossa capacidade de manter a compaixão, fiquei impressionado com o papel crucial da linguagem e do uso das palavras. Desde então, identifiquei uma abordagem específica da comunicação — falar e ouvir — que nos leva a nos entregar de coração, ligando-nos a nós mesmos e aos outros de modo que a compaixão brote naturalmente. Denomino essa abordagem de comunicação não violenta, usando o termo "não violência" como Gandhi o empregava — em referência ao estado natural de compaixão quando a violência míngua no coração. Embora possamos não considerar "violenta" a nossa maneira de falar, as palavras, não raro, provocam mágoa e dor, seja nos outros, seja em nós mesmos.[5]

Qual é o objetivo da CNV?

A CNV nos dá ferramentas e compreensão para criar um estado mental mais pacífico.[34]

)(

A comunicação não violenta não existe para nos ajudar a induzir os outros a fazerem o que queremos que façam. Ela existe para criar uma conexão que vai possibilitar que as necessidades de todos sejam atendidas pelo que chamo de doar com compaixão.

As pessoas fazem as coisas espontaneamente porque entendem como isso vai servir à vida.[27]

✕

O propósito desse processo é ajudar a nos conectarmos de uma forma que torne possível nos doarmos naturalmente.[31]

✕

Se o objetivo é simplesmente mudar o comportamento das pessoas ou conseguir o que queremos, a comunicação não violenta não é a linguagem ideal. Essa é a linguagem para todos os que querem que os outros digam sim a nossos pedidos somente se puderem fazer isso de boa vontade e com compaixão.[4]

✕

Lembre-se de que nosso objetivo e o objetivo da comunicação não violenta não é conseguir o que queremos, mas criar uma conexão humana que possibilite que todos tenham suas necessidades atendidas. É simples — e complexo — assim.[4]

Para que é usada a CNV?

A CNV pode ser aplicada com sucesso em todos os níveis de comunicação e em diversos contextos: relacionamentos íntimos, família, escolas, organizações e instituições, terapia e aconselhamento, negociações diplomáticas e comerciais, disputas e conflitos de qualquer natureza.[34]

✕

Algumas pessoas usam a CNV para responder a si mesmas com compaixão, outras para aprofundar suas relações pessoais, e outras para construir relacionamentos eficientes no trabalho ou na arena política. No mundo todo, a CNV é usada para mediar disputas e conflitos em todos os níveis.[34]

Símbolos de linguagem: chacal e girafa

Eu uso o chacal como símbolo da linguagem que contribui para a violência. Não há nenhuma outra razão além desta para que eu goste da palavra "chacal"; ela só me parece engraçada. Os chacais não são maus, mas eu os utilizo para fins pedagógicos: "linguagem do chacal".[21]

)(

Uso o símbolo das orelhas do chacal para as orelhas que nos fazem ouvir coisas de um jeito que nos causa dor.[12]

)(

A linguagem da comunicação não violenta é uma linguagem do coração. Requer que se saiba como falar sempre a partir do coração, e como as girafas têm o maior coração do mundo, que termo melhor para uma linguagem do coração do que "girafa"?[10]

)(

Se você quer criar paz, esta é a melhor tecnologia que posso sugerir: orelhas de girafa. Essa tecnologia é maravilhosa [*ele coloca um acessório de cabeça com orelhas de girafa*]. Porque, com ela, não importa o que as pessoas dizem, não importa como dizem, você não vai ouvir críticas, não vai ouvir culpa, não vai ouvir a palavra "não". Você não ouve silêncio, porque com essas orelhas a pessoa não pode *não* comunicar uma linguagem de vida. Com essas orelhas, você se conecta com o que está vivo nos indivíduos, independentemente de como eles falam, entende?[29]

PARTICIPANTE: Então, que tal uma dica de como conseguir orelhas de girafa? [risos e aplausos]

MARSHALL: Todos os dias, dedique um tempo a se lembrar de como você escolheu viver. A se lembrar de verdade, intensamente. E, se usar orelhas de girafa o ajuda a manifestar como escolhe viver, você deve treinar até ficar bom nisso. Mas... não faça isso de maneira mecânica. Primeiro, você precisa se tornar consciente de como escolhe viver. E então, se as orelhas de girafa forem uma estratégia eficaz, você praticará com uma energia diferente do que se se tratasse apenas de uma técnica.[12]

Gosto de usar o símbolo da "linguagem da girafa" para a comunicação não violenta porque as girafas têm o maior coração de todos os animais terrestres, e a comunicação não violenta é a linguagem do coração porque tem, em sua essência, sentimentos e necessidades, que é a melhor forma que conheço de descrever o que está vivo em nós neste momento. O que há em nosso coração neste momento? Sentimentos e necessidades.[22]

A comunicação não violenta é uma linguagem do coração. Requer que nos voltemos para dentro e digamos o que está vivo em nós. Não vem da cabeça, não diz o que os outros têm de certo ou errado por fazer o que fazem. Desse modo, trata-se de uma linguagem de vida.[21]

Uso a palavra "chacal" como um símbolo da linguagem que contribui para a violência em nosso planeta.[29]

O que é comunicação não violenta?

)(

Quando ofereço um belo presente do que está vivo em mim, e a pessoa diz: "Ah, você está carente" — ou algo assim —, sei qual é o problema. A porcaria do serviço postal do chacal confundiu as entregas de novo. Mandei um belo presente e entregaram um monte de merda.[16]

)(

Girafa é aquela linguagem que torna possível nos conectarmos uns com os outros de uma maneira em que nos entregamos de coração.[23]

)(

Tenho me interessado por estudar pessoas que têm a capacidade de influenciar outras a aprenderem, mas de um jeito que seja motivado por essa reverência pela vida, não por táticas coercivas.

E uma das coisas que aprendi ao estudar essas pessoas é que elas falam uma linguagem que colabora com o aprendizado motivado por uma reverência pela vida.

Ao estudar aqueles que têm essa capacidade, notei que falam uma linguagem diferente daquela que me ensinaram a falar. E essa linguagem que contribui para que as pessoas aprendam motivadas por uma reverência pela vida eu chamo, oficialmente, de comunicação não violenta. Mas, por diversão e propósitos pedagógicos, gosto de chamá-la de "linguagem da girafa".[10]

)(

A linguagem da girafa, então, é... em certo sentido, como uma bússola. O que faz uma bússola? Aponta o caminho que nos leva aonde queremos estar, mesmo com mau tempo. Então, para mim, a girafa aponta para a vida. Me ensinaram a ficar dentro da minha cabeça e analisar, julgar os outros, e ela diz: "Espere um pouco. Onde está a vida? O que estou sentindo? Do que estou precisando? Onde está a vida na outra pessoa? O que ela está sentindo? Do que está precisando?" E ela mantém minha atenção focada na vida. E, quando perco o foco, ela me leva de volta à vida.[14]

><

Provavelmente, uma das coisas mais importantes para se saber sobre a girafa é que nós nunca fazemos nada errado. Nunca fizemos, nunca faremos. Fazemos coisas que não teríamos feito se já soubéssemos o que estamos aprendendo agora. E o engraçado sobre a vida é que sempre vai ser assim. Provavelmente, não há um momento em que façamos o que possivelmente faríamos se soubéssemos agora o que aprenderemos mais tarde. A vida está sempre mudando. Não seria chato se soubéssemos sempre a coisa certa a fazer? Seria chatíssimo.[17]

><

Se você usa orelhas de girafa, não consegue imaginar nem por um segundo que pode ser a origem da dor do outro. Não consegue imaginar que alguém ficaria com raiva de você. Ou que alguém não desejaria estar perto de você. Isso é simplesmente inimaginável.[22]

><

Ser girafa é ter duas coisas: empatia e capacidade de se expressar de forma autêntica — revelar o que está vivo em você no momento. Não desligar e falar sobre pensamentos, a menos que pensamentos sirvam à vida que está acontecendo no momento.[18]

><

Se tenho orelhas de girafa, não consigo ouvir o silêncio. Não posso ouvir "não". Tenho consciência de que um "não" é uma expressão pobre de um "sim".* Se uso orelhas de girafa, não posso ouvir críticas. Tenho conhecimento de que toda crítica é simplesmente uma distorção das necessidades da pessoa. Assim, quando uso essas orelhas, a pessoa não pode *não* se comunicar.[19]

><

Entenda, se você usa essas orelhas [de girafa], o outro sempre fala a perfeita comunicação não violenta. Essa é uma das coisas de que os participantes mais gostam no nosso treinamento. Não é necessário que o outro coopere. Porque, quando você põe essas orelhas, o outro expressa comunicação não violenta perfeitamente.[21]

><

Com orelhas de girafa, se a pessoa não está nos dizendo nada, tentamos continuar ouvindo: quais são seus sentimentos e suas necessidades? Não tomamos como defesa, resistência ou rejeição. Apenas tentamos, como com qualquer mensagem — "O que essa pessoa está sentindo e do que está precisando?" —, permanecer conectados com a vida nela.[14]

><

"O simpático" é um chacal sorridente. Não é uma girafa. As girafas não são simpáticas. Elas se esforçam para ser descaradamente sinceras. E, às vezes, ser descaradamente sincero significa gritar: "Ei, quero ser tratado com mais respeito! Se você tem algum problema comigo, me conte o que eu fiz e o que você quer, sem me xingar. Você está disposto a isso?" Isso é gritar na linguagem da girafa.[14]

---

* Para compreender essa frase, é importante saber que, na CNV, dizemos que por trás de todo "não" existe um "sim" para alguma necessidade que quer ser atendida. [N. R. T.]

As girafas não são simpáticas. Não pense que para ser não violento é preciso ser simpático. Boa parte da violência no mundo é criada por pessoas simpáticas que não interferem em nada, independentemente do que está acontecendo. Não, não, não. A girafa não requer que você seja simpático, mas que você expresse sua dor ou sua alegria, ou ouça a dor ou a alegria do outro. Mas se você não está alegre, então está sofrendo. E você comunica isso. Mas grita na linguagem da girafa, não grita críticas. Você grita sentimentos, necessidades, pedidos.[22]

Se você não está realmente em contato com seus sentimentos e suas necessidades, não está em contato com a vida. Os chacais podem atravessar a vida toda se sentindo meio mortos e nem saber disso, porque a ausência de vida é seu estado costumeiro. E os chacais pensam que tudo na vida é meio sem vida. Nunca têm muito claro o que estão sentindo, do que precisam, o que os outros sentem e do que necessitam. E, quando nos desconectamos de sentimentos e necessidades, nos sentimos sem vida. Mas se é assim que você sempre viveu, nem tem consciência de que existe outra maneira.[14]

Pessoas que falam a linguagem do chacal ficam presas nesse estado trágico em que, quando mais precisam de nutrição, mais utilizam a linguagem que não vai levá-las a nada.[14]

Normalmente, posso dar uma resposta chacal com facilidade para quase qualquer mensagem. É a girafa que representa um desafio para mim.[22]

Nunca jogue seu "mas" na cara de um chacal furioso.[14]

Não existem chacais. Chacais são só girafas com um problema de linguagem.[30]

Entregar-se de coração

Não tem nada que os seres humanos apreciem mais, por natureza, do que se entregar com compaixão.[19]

Acredito que meu condicionamento cultural me leva a concentrar a atenção em pontos que provavelmente não me levarão ao que quero. Desenvolvi a CNV para fazer brilhar a luz da consciência — de condicionar minha atenção a focar os pontos que me possam dar o que procuro. O que eu quero na vida é compaixão, um fluxo entre mim e os outros fundado numa entrega mútua de coração.[5]

Nossa entrega de coração deve-se à alegria que brota sempre que enriquecemos voluntariamente a vida de outra pessoa. Esse tipo de entrega beneficia tanto quem se entrega quanto aquele que recebe. Este usufrui a dádiva sem se preocupar com as consequências do que se deu por medo, culpa, vergonha ou desejo de lucrar. Quem se entrega se beneficia do reforço da autoestima advinda de sua contribuição para o bem-estar de alguém.[5]

Nosso objetivo não é lucrar. Não pretendemos induzir a pessoa a fazer o que queremos. Nosso objetivo é criar uma conexão que atenda às necessidades de todo mundo por meio de entrega compassiva. Isso é diferente de induzir os outros a fazerem o que você quer.[21]

)(

Em comunicação não violenta, tentamos lembrar: "Só se entregue quando for de coração. Quando isso atender à sua necessidade — a necessidade mais forte dos seres humanos — de contribuir para a vida". Tenha certeza de que está fazendo isso por você mesmo; então, a outra pessoa pode se beneficiar e não precisa pagar por isso. Não faça nada por culpa, não faça nada por recompensas, não compre amor. Entregue-se de coração.[19]

)(

Não existe crítica ou coerção na linguagem da CNV. Quando dizemos aos outros o que queremos, é de um jeito que comunica: "Por favor, só faça isso se puder fazer de boa vontade. Por favor, nunca se prejudique para fazer nada por mim. Nunca faça nada por mim se houver o mínimo de medo, culpa, vergonha, ressentimento ou resignação por trás dos seus motivos. Caso contrário, nós dois vamos sofrer. Por favor, só atenda ao meu pedido se for de coração, se para você for um presente se doar para mim". Só quando ninguém sente que está perdendo, cedendo ou abrindo mão, as duas pessoas se beneficiam da ação.[1]

)(

Acho que é isso que acontece se damos e recebemos. Eu faço alguma coisa. E você sente essa *mitzvah* [consciência da bênção de uma oportunidade de ser útil]. Você diria: "Obrigado pelo presente". E então responderia. E aí eu diria: "Obrigado por responder dessa maneira", e você diria, "Obrigado por responder dessa maneira à minha resposta", e passaríamos o resto da vida celebrando. E tudo que você fez foi me passar o sal... E depois de umas dez interações, perguntaríamos: "Eu fui o doador ou o receptor aqui? Quem foi o doador?" E assim, qualquer ato simples se perderia para sempre em glória.[16]

)(

O **principal objetivo** da comunicação não violenta é conectar-se com as pessoas de um jeito que permite se entregar: entregar-se com compaixão. A CNV é compassiva na medida em que nossa entrega vem do coração, de boa vontade. Estamos prestando serviço aos outros e a nós mesmos — não por dever ou obrigação, não por medo de punição ou esperança de recompensa, não por culpa ou vergonha, mas pelo que considero parte de nossa natureza. Está em nossa natureza sentir alegria em entregar-se ao outro. A comunicação não violenta nos ajuda a nos conectarmos com o outro, permitindo que nossa natureza se manifeste em como nos entregamos aos outros e recebemos deles.[8]

)(

A **CNV é** uma linguagem que torna possível nos conectarmos com o outro de um jeito que permite nos entregarmos um ao outro de coração. Isso significa que, com seu parceiro, você não faz coisas por causa de títulos que implicam que *tem que, deveria* ou *precisa*. Você não se entrega por culpa, vergonha, falta de consciência, medo, obrigação, dever. Acredito que, sempre que fazemos alguma coisa um pelo outro com esse tipo de energia, todo mundo perde. Quando recebemos alguma coisa entregue com esse tipo de energia, sabemos que vamos precisar pagar por isso, porque foi uma doação em detrimento de outrem. Estou interessado em um processo no qual nos entregamos um ao outro de coração.

Como aprendemos a nos entregar de coração de modo que o ato de dar seja igual ao de receber? Quando as coisas são feitas de um jeito humano, é impossível distinguir aquele que doa daquele que recebe. Só quando interagimos um com o outro de uma maneira que chamo de julgadora, ou crítica, entregar-se deixa de ser tão divertido.[1]

)(

Para mim, nos entregarmos é uma expressão clara do que está vivo em nós neste momento.[6]

)(

Como falante da língua da girafa, não só quero saber o que faço que torna a vida menos maravilhosa para você, como também considero importante, em cada momento, me conectar com como você se sente. Se vamos nos entregar um ao outro de coração, é crucial que eu esteja consciente dos seus sentimentos.[23]

)(

Quando fazemos coisas que não derivam dessa energia divina em cada um de nós, dessa energia divina que torna natural entregar-se com compaixão, quando agimos a partir de qualquer padrão culturalmente aprendido de fazer as coisas porque devemos, temos que, precisamos, por culpa, vergonha, dever, obrigação ou para obter recompensas, *todo mundo paga por isso*, todo mundo. A comunicação não violenta quer que sejamos claros, que não respondamos a menos que a resposta venha dessa energia divina. E você sabe que é ela quando faz de boa vontade o que é solicitado. Mesmo que seja muito trabalho, vai ser feito com alegria, se seu único motivo for tornar a vida mais maravilhosa.[6]

)(

O que é comunicação não violenta?

Quando as duas partes conseguem enxergar o que está vivo uma na outra, ninguém sente crítica ou exigência. As necessidades de todos podem ser atendidas pela entrega compassiva.[29]

⋊⋉

Entregar-se com compaixão significa, para mim, fazer alguma coisa por nós e pelos outros, tendo como única intenção enriquecer a vida.[31]

Obstáculos para se entregar

Em primeiro lugar, existem duas formas de comunicação que quase impossibilitam que as pessoas se entreguem de coração. A primeira é qualquer coisa que percebam como crítica... Quando falo em *crítica*, refiro-me a ataque, julgamento, culpa, diagnóstico ou qualquer coisa que analise a pessoa a partir da cabeça... O segundo bloqueio para a capacidade de nos entregarmos de coração é qualquer sinal de coerção.[1]

⋊⋉

Para nós, é muito importante poder fazer as coisas quando escolhemos fazê-las — não porque alguém que amamos precisa disso, ou vai surtar se não fizermos, ou porque vai ficar falando na nossa orelha até fazermos o que ela quer. As pessoas têm muito medo de passar grande parte da vida se entregando sem que seja de coração. Por isso são muito reativas.[1]

⋊⋉

Espero que você sinta uma tristeza real e sincera pelas pessoas que não sabem se entregar, pois elas estão perdendo algo. E o que normalmente acontece é que aquelas que vemos como tomadores

— os egoístas — sentem tanto medo de não ter suas necessidades atendidas que dedicam toda energia a atendê-las. E projetam a imagem de egoístas e gananciosos, e... é muito triste que não tenham aprendido como se entregar pela *mitzvah* [consciência da bênção de uma oportunidade de ser útil]. O que poderia ser pior do que não saber como se entregar dessa maneira?[20]

><

É natural gostarmos de dar e receber com compaixão. Entretanto, aprendemos muitas formas de comunicação alienante da vida que nos fazem falar e comportar-nos de maneiras que ferem aos outros e a nós mesmos. Uma forma de comunicação alienante da vida é o uso de juízos morais que implicam que quem não age conforme nossos valores está errado ou é mau. Outra forma desse tipo de comunicação é fazer comparações, que são capazes de obstruir a compaixão tanto pelos outros quanto por nós mesmos. A comunicação alienante da vida também prejudica a compreensão de que cada um de nós é responsável pelos próprios pensamentos, sentimentos e atos. Comunicar desejos na forma de exigências é ainda outra característica da linguagem que impede a compaixão.[5]

><

Pegue seus apagadores mentais e vamos apagar da consciência as seguintes palavras: *certo, errado, bom, mau, normal, anormal, apropriado, inapropriado* — não quero continuar, porque a lista é muito longa. Se você foi educado como eu, levaríamos uns quatro ou cinco dias, provavelmente, para apagar todas as palavras que a educação colocou em nossa cabeça e que destroem esse belo jogo de se entregar de coração.[22]

Os quatro componentes da CNV

Para atingir o desejo mútuo de nos entregarmos de coração, concentramos a luz da consciência em quatro áreas, às quais nos referimos como os quatro componentes do modelo da CNV. Primeiramente, observamos o que está acontecendo de fato em dada situação: o que presenciamos os outros dizerem ou fazerem que enriquece ou não nossa vida? O truque é ser capaz de expressar essa observação sem julgar nem avaliar, mas simplesmente dizendo o que nos agrada ou não naquilo que as pessoas fazem. Em seguida, identificamos como nos sentimos ao observar aquela ação: magoados, assustados, alegres, irritados etc. Em terceiro lugar, reconhecemos quais de nossas necessidades estão ligadas aos sentimentos que identificamos. Temos conhecimento desses três componentes quando usamos a CNV para expressar clara e sinceramente como estamos nos sentindo.

O quarto componente [é] um pedido muito específico... Esse componente enfoca o que queremos da outra pessoa para enriquecer nossa vida ou torná-la maravilhosa.[5]

〤

Assim, parte da CNV consiste em expressar as quatro informações muito claramente, de forma verbal ou por outros meios. O outro aspecto dessa forma de comunicação consiste em receber aquelas mesmas quatro informações dos outros. Nós nos ligamos a eles primeiramente ao perceber o que observam e sentem e de que precisam; depois, descobrindo o que poderia enriquecer sua vida ao receber a quarta parte, o pedido.

Desde que mantenhamos a atenção concentrada nessas áreas e ajudemos os outros a fazer o mesmo, estabeleceremos um fluxo de comunicação dos dois lados, até que a compaixão se manifeste naturalmente: o que estou observando, sentindo e do que estou necessitando; o que estou pedindo para enriquecer minha vida; o que você está observando, sentindo e do que está necessitando; o que você está pedindo para enriquecer sua vida.[5]

✳

Queremos mergulhar em nosso interior e dizer às pessoas o que está vivo em nós quando elas fazem o que fazem. E isso implica dois outros tipos de conhecimento. Primeiro, o conhecimento do sentimento; segundo, o conhecimento da necessidade. Para dizer claramente o que está vivo em nós em qualquer momento, precisamos ter clareza sobre o que sentimos e do que necessitamos.[8]

✳

Na CNV, não importam as palavras que os outros usem para se expressar; prestamos atenção apenas em suas observações, sentimentos, necessidades e pedidos.[5]

✳

Como falante da linguagem da girafa, tenho consciência de que a forma como cada um de nós se sente é resultado de nossas necessidades e do que está acontecendo com elas. Quando nossas necessidades são atendidas, experimentamos sentimentos que pertencem ao grupo dos prazerosos. Nós nos sentimos felizes, satisfeitos, alegres, abençoados, contentes.[23]

✳

Quando nos concentramos em esclarecer o que o outro observa, sente e necessita, em vez de analisá-lo e julgá-lo, descobrimos a profundidade da compaixão. Pela ênfase na escuta profunda — de nós e dos outros —, a CNV promove respeito, atenção e empatia e gera o desejo mútuo de nos entregarmos de coração.[5]

O que é comunicação não violenta?

)(

O aprendizado é valioso demais para ser motivado por táticas coercivas. A CNV tem interesse no aprendizado motivado por admiração pela vida, por um desejo de aprender habilidades, contribuir para o nosso bem-estar e o bem-estar dos outros. A linguagem específica que ajuda as pessoas a aprenderem por meio da admiração pela vida é chamada, oficialmente, de comunicação não violenta, mas para propósitos de aprendizagem ela é chamada de "linguagem da girafa". Seu oposto — a "linguagem do chacal" — usa palavras como *deveria, preciso e tenho que*. O vocabulário básico da comunicação não violenta é formado por sentimentos e necessidades.

É importante desenvolver um vocabulário de sentimentos e necessidades para se expressar na CNV: "Sinto (inserir sentimento) porque preciso (inserir necessidade)". Outro conceito básico na CNV é a distinção entre observação e avaliação. Observação é uma descrição clara e concisa do que está acontecendo. Qualquer avaliação (julgamento) de comportamento é feita comunicando sentimentos e necessidades, e segundo o princípio de poder *com* — não poder *sobre* — as pessoas. O poder-sobre leva à punição e violência. O poder-com leva à compaixão, à compreensão e ao aprendizado motivado por admiração pela vida, e não por medo, culpa, vergonha ou raiva. O poder-com permite que nossas necessidades sejam ouvidas como *pedidos*, não como exigências. As exigências resultam em atitudes defensivas e de recusa, enquanto os pedidos têm mais probabilidade de ser ouvidos e aceitos. Depois de expressarmos nossos sentimentos e necessidades, seguimos com um pedido muito específico do que queremos que a pessoa faça. Pedidos são formulados de maneira positiva, comunicando o que queremos, não o que não queremos.

Além de expressar necessidades e sentimentos, e de expressar nossas necessidades como pedidos, a comunicação não violenta requer *conexão empática*: aprender a ouvir qualquer mensagem que nos alcance como uma expressão dos sentimentos e das necessidades do outro. Em resumo, comunicação não violenta é um jeito de manter a consciência sintonizada, em cada momento, com a beleza dentro dos outros e de nós mesmos.[10]

Observações

O primeiro componente da CNV implica separar observação de avaliação. Ao misturarmos observações e avaliações, os outros tendem a receber isso como crítica e resistir ao que dizemos.[5]

✂

Para dizer às pessoas o que está vivo em nós, precisamos conseguir dizer o que elas estão fazendo que apoia a vida em nós, bem como o que estão fazendo que não apoia a vida em nós. Mas é muito importante saber como dizer isso sem acrescentar avaliação alguma.[8]

✂

Certa vez, o filósofo indiano J. Krishnamurti disse que observar sem avaliar é a forma mais elevada de inteligência humana. Quando li essa afirmação pela primeira vez, a ideia de "que absurdo!" me passou pela cabeça antes que eu percebesse que acabara de fazer uma avaliação. A maioria sente dificuldade de fazer observações isentas de julgamento, crítica e outras formas de análise das pessoas e seu comportamento.[5]

✂

Quando você consegue descrever a que está reagindo, sem incluir sua interpretação ou avaliação disso, as pessoas se tornam menos propensas a adotar atitudes defensivas quando o escutam.[34]

O que é comunicação não violenta?

)(

Na comunicação não violenta, sempre que desejamos falar com alguém sobre algo que essa pessoa faz e de que não gostamos, a ideia é expressar essa declaração com clareza, na forma de uma observação.[31]

Sentimentos

O **primeiro componente** da CNV é observar sem avaliar; o segundo é expressar como nos sentimos. O psicanalista Rollo May afirma que "a pessoa madura se torna capaz de separar sentimentos em várias nuances: experiências fortes e emotivas, ou outras delicadas e sensoriais, tais quais os diferentes trechos de uma sinfonia". No entanto, para muitos os sentimentos são, nas palavras de May, "limitados como as notas de um toque de clarim".[5]

)(

O que nos faz sentir o que sentimos é aquilo a que escolhemos dar atenção. Como decidimos avaliar o que aconteceu. Isso é o que nos faz sentir o que sentimos: onde colocamos a atenção e como escolhemos avaliar isso.[12]

)(

O psicólogo existencial americano Rollo May dizia que o ser humano maduro tem um vocabulário de sentimentos — uma capacidade para descrever a vida que está acontecendo nele — que lhe permite descrever sua vida com toda a complexidade de uma orquestra sinfônica. E ele disse que, infelizmente, a maioria anda por aí com um vocabulário que nos faz soar como uma cornetinha de lata, quando se trata de falar sobre a vida dentro de nós.

Não nos ensinaram a ver a beleza que há em nós. Nos ensinaram a ser bons meninos, boas meninas, boas mães, bons pais, bons professores, e isso nos desconectou da vida. Isso nos levou para dentro da nossa cabeça.[10]

✕

Não só não somos educados para falar a linguagem de vida, uma linguagem de sentimentos, como recebemos uma educação cultural que dá uma conotação extremamente negativa a muitas de nossas emoções.[31]

✕

Se você foi educado como eu, precisará fazer alguma coisa para construir um vocabulário de sentimentos. Frequentei a escola por 21 anos. Não consigo me lembrar de alguém ter perguntado o que eu sentia. As instituições em que estudei não se importavam com o que estava vivo em mim. Tudo tinha que ver com encontrar as respostas certas. (A definição de *certo* era o que o "superior" dizia ser certo.)[21]

✕

A função básica dos sentimentos é servir às nossas necessidades. A palavra *emoção* significa, basicamente, nos mover, nos mobilizar para atendermos às nossas necessidades. Quando precisamos de alguma nutrição, sentimos o que chamamos de fome, e essa sensação nos estimula a entrar em ação para atender a essa necessidade de alimento. Se nos sentíssemos só confortáveis cada vez que tivéssemos a necessidade de nutrição, poderíamos morrer de fome, porque não seríamos mobilizados a atender a essa necessidade.[9]

✕

Nossos sentimentos são uma confirmação intrínseca de que atendemos à necessidade de enriquecer a vida. [...] Então, não temos necessidade de sentimentos positivos, não, não, não! Senti-

O que é comunicação não violenta?

mentos positivos, sentimentos prazerosos, são uma confirmação de que nossa necessidade de servir à vida foi atendida.[17]

)(

Ao expressar sentimentos, é preferível que usemos palavras que se refiram a emoções específicas, e não palavras vagas, genéricas.[5]

)(

Pode haver efeitos negativos decorrentes da não expressão de nossos sentimentos.[4]

)(

Certamente, muitas pessoas pensam que falar sobre sentimentos dolorosos é uma experiência negativa, sofrida, porque a associam com jogos de culpa, punição e todo tipo de outras coisas. Não os veem como parte de uma dança da CNV e como pode ser bonito falar sobre eles.

Quando escrevi a primeira edição deste livro, acrescentei uma lista de sentimentos positivos e uma lista de sentimentos negativos. Então, pude perceber que as pessoas pensam que sentimentos negativos são ruins. Como não era isso que eu queria, na edição seguinte escrevi as palavras "positivo" e "negativo" entre aspas, mas ainda não fez muita diferença. Agora escrevo "sentimentos presentes quando nossas necessidades são atendidas" e "sentimentos presentes quando nossas necessidades não são atendidas". O objetivo é mostrar que ambos são valiosos, porque os dois falam sobre vida.[1]

)(

Nosso repertório de palavras para rotular os outros costuma ser maior do que o vocabulário para descrever claramente nossos estados emocionais.[5]

Sentimentos *versus* interpretações

Podemos expressar sentimentos de maneiras diversas — dependendo da cultura em que crescemos —, mas é importante ter um vocabulário de sentimentos que de fato descrevam o que está vivo em nós; que não sejam, de jeito nenhum, interpretações de outrem.

Isso significa que não queremos usar expressões como "me sinto incompreendido". Isso não é um sentimento, na verdade; é mais como analisamos se a outra pessoa nos entendeu ou não. Se pensamos que alguém nos entendeu mal, podemos ficar com raiva ou frustrados; são coisas bem diferentes. Da mesma maneira, não queremos usar frases como "me sinto manipulado", ou "me sinto criticado".[8]

><

Tome cuidado com expressões como "eu me sinto incompreendido", "eu me sinto rejeitado", "eu me sinto criticado". Esses não são sentimentos; são julgamentos do chacal disfarçados.[21]

><

As palavras que vou dizer não são sentimentos, mas chacais com roupa de girafa. Nossa linguagem pode nos permitir fingir que estamos expressando sentimentos, mas na verdade o que expressamos é um julgamento das pessoas.

Por exemplo, "traído" não diz como você se sente. Não revela se você está magoado, triste ou com raiva. Diz que você tem uma imagem mental de que a pessoa o está traindo.

Aqui vão algumas palavras desse tipo. Eu me sinto "incompreendido". Eu me sinto "manipulado". Eu me sinto "usado". Eu me sinto "criticado". Repito, esses não são sentimentos como eu os definiria. São mais imagens mentais do que pessoas fazem, e a probabilidade de causarem problemas é maior do que a de nos conectarem no nível do coração.[10]

Causa e responsabilidade por sentimentos

A **comunicação não** violenta intensifica nossa percepção de que o que os outros dizem e fazem pode ser um estímulo para nossos sentimentos, mas nunca a causa. Nossos sentimentos resultam do fato de nossas necessidades serem ou não atendidas.[4]

)(

O que as pessoas fazem é um estímulo para nossos sentimentos. Então, o que causa nossos sentimentos? [...] O que me faz sentir o que sinto é escolha minha.[10]

)(

Assumimos a responsabilidade por nossos sentimentos. "Eu sinto porque eu..." "Você sente porque você..." Se misturamos essas coisas na linguagem cotidiana, tiramos a clareza dos limites e começamos a fazer todo tipo de jogos humanos nada divertidos.[10]

)(

Os sentimentos são manifestações do que está acontecendo com nossas necessidades.[31]

)(

Os sentimentos podem ser usados de maneira destrutiva, se tentarmos sugerir que comportamentos alheios são a causa deles. O que causa nossos sentimentos não é o comportamento dos outros, mas nossas necessidades.[8]

)(

Os sentimentos são uma parte muito importante da comunicação não violenta, mas nós não... culpamos as pessoas por eles. Nós os conectamos às nossas necessidades.[29]

✂

Fomos educados por pessoas que tentaram nos fazer sentir responsáveis pelos sentimentos delas, e nos sentíamos culpados. Sim, sentimentos são importantes, mas não queremos usá-los dessa maneira. Não queremos usá-los de um jeito que provoca culpa. É muito importante que, quando expressamos nossos sentimentos, essa expressão seja acompanhada por uma declaração que deixe claro que o que causa nossos sentimentos são nossas necessidades.[8]

✂

Tenha em mente que as atitudes das pessoas nunca podem "fazer" você sentir qualquer coisa que seja. Os sentimentos são seus indicadores de alerta.[34]

Necessidades

O terceiro componente da CNV acarreta o reconhecimento da raiz de nossos sentimentos. A CNV aumenta a consciência de que aquilo que os outros dizem e fazem pode ser um estímulo para os nossos sentimentos, mas nunca sua causa. Com ela, percebemos que os sentimentos resultam de como optamos por receber o que os outros dizem e fazem, bem como de nossas necessidades e expectativas específicas naquele momento. Com esse terceiro componente, somos levados a aceitar a responsabilidade pelo que fazemos para gerar nossos sentimentos.[5]

✂

O que é comunicação não violenta?

As necessidades, na minha concepção, podem ser consideradas recursos de que a vida precisa para se manter. Por exemplo, o bem-estar físico depende de que nossas necessidades de ar, água, descanso e alimento sejam atendidas. O bem-estar psicológico e espiritual aumenta quando nossas necessidades de compreensão, apoio, sinceridade e propósito são atendidas.[11]

)(

Dessa maneira, as necessidades — algo tão belo — são parte central do que ensino, e nunca encontrei palavras para descrever a beleza disso. O melhor que posso fazer é usar *necessidades*. Mas, para mim, não é uma escolha satisfatória, não é uma descrição suficientemente bonita. O que é uma necessidade para mim? É uma manifestação presente de energia divina dentro de nós. É uma força da vida.[16]

)(

Tudo que nos resta é fazer o melhor possível com essas palavras para dar às pessoas uma ideia dessa manifestação que está dentro de nós neste momento. Nas necessidades, vejo dentro de mim essa força viva que é conectada, que é interdependente da vida. Isso me faz sentir identificado com uma folha. Eu sou uma folha. [...] Somos parte deste belo universo. E olhe para todos os fenômenos vivos no universo — eles têm necessidades. Árvores têm necessidades. Abelhas têm necessidades.[16]

)(

Uma necessidade, como eu a defino, é universal. Todas as necessidades são universais. Qualquer pessoa no mundo tem as mesmas necessidades.

Então, você não vai ver nada de estranho, seja homem ou mulher, independentemente de religião, independentemente de nível

45

de educação. Todos os seres humanos são criados da mesma energia; têm as mesmas necessidades.[25]

ㄨ

Não existem pessoas que fazem coisas sem motivo ou sem uma boa razão. Tudo que cada um de nós faz é sempre por uma razão muito boa.[14]

ㄨ

A todo momento, cada ser humano está fazendo o melhor que sabe fazer naquele momento para atender às suas necessidades. Nunca fazemos nada que não esteja a serviço de uma necessidade; não existe conflito em nosso planeta no nível das necessidades. Todos temos as mesmas necessidades. O problema está nas estratégias para atendê-las.[34]

ㄨ

A CNV propõe que, por trás de cada ato, por mais que seja ineficiente, trágico, violento ou repulsivo para nós, existe uma tentativa de atender a uma necessidade.[34]

ㄨ

Não fazemos nada se não for a serviço de uma necessidade. Tudo que fazemos, a cada momento da nossa existência, é a serviço de necessidades; isso é a vida.[18]

ㄨ

A vida é assim: temos uma necessidade que precisa ser atendida, e quando ela é atendida sentimos certo conforto e satisfação. Desse modo, algumas necessidades não são atendidas, enquanto outras o são. [...] Para mim, isso é vida. Mas pensamos em necessidades como se fôssemos necessitados, por exemplo, "lá vai uma pessoa

O que é comunicação não violenta?

necessitada" — como se ser necessitado fosse um sinal de patologia mental, sabe? Pensamos nisso como se fosse esse o significado de ter necessidades.[16]

)(

De fato, muita gente associa necessidades a coisas negativas. Ter necessidades é ser carente, dependente, egoísta, e mais uma vez creio que isso é resultado de nosso histórico de educar as pessoas para se ajustarem a estruturas de dominação, serem obedientes e submissas a autoridades. É que os indivíduos não viram bons escravos quando estão em sintonia com suas necessidades.[6]

)(

É na necessidade que reside o poder, porque quando a consciência é centrada na necessidade, entregar-se é naturalmente apreciável. É aí que está a deficiência em nossa educação: o letramento em necessidades. A parte que tem o poder para romper com os velhos jogos de repressão é a necessidade. Assim, isso nos dá outra oportunidade de fazer as coisas com base no que enriquece a vida. Mas não somos letrados naquilo que tem o poder de fazer isso.[22]

)(

Mas assim como alguns chacais têm extrema dificuldade para dizer o que sentem, para outros é muito difícil dizer o que querem. Porque sentimentos e necessidades ou vontades, na cultura chacal, são severamente punidos.[14]

)(

Quando o foco da atenção está em nossas necessidades, a natureza nos impinge imagens do que fazer em relação às necessidades, como atendê-las. Mas quando não estamos conectados com a necessidade, nos apartamos dela com esse pensamento alienante da vida com que fomos doutrinados. Em vez de imagens de como atender à necessidade, nossa cabeça fica cheia de pensamentos que nos deixam deprimidos. No livro *The revolution in psychiatry*, o antropólogo Ernest Becker diz que a depressão resulta de alternativas bloqueadas cognitivamente.[15]

)(

Por que as necessidades são importantes para nos conectarmos com compaixão? Todos os seres humanos têm as mesmas necessidades. Assim, quando vemos alguém dizer quais são suas necessidades não atendidas, conseguimos nos identificar com isso. Todos temos as mesmas necessidades. Todos sabemos como é bom ter nossas necessidades atendidas. Então, quando compreendemos as necessidades de uma pessoa, podemos desfrutar melhor de contribuir para o seu bem-estar.[26]

)(

Uma das nossas necessidades mais importantes é a de que nossas necessidades sejam vistas pelo que são... [que os outros] vejam a beleza nelas. Mas quando, em vez de ter essas necessidades atendidas, recebemos exatamente o oposto disso — e não estamos usando orelhas de girafa — é muito doloroso. Porque aqui estamos oferecendo a coisa mais bonita que temos a oferecer: a luz que reside dentro de nós.[16]

)(

Acho que a necessidade mais agradável... é a de contribuir para a vida, enriquecer a vida. É ser uma força criativa na vida.[16]

)(

Quando usamos nosso enorme poder de tornar a vida maravilhosa, para nós ou para os outros, isso atende a uma das necessi-

O que é comunicação não violenta?

dades mais básicas que consigo identificar nos seres humanos: a necessidade de enriquecer a vida.[17]

)(

As necessidades não estão em conflito. O problema é nosso pensamento. É ele que entra em conflito. Quando acho que devo fazer alguma coisa e, depois, penso que aquilo não é o certo a fazer. Isso pode durar para sempre. Mas isso não é entrar em contato com minhas necessidades. Provavelmente, tenho duas necessidades diferentes aqui, e estou tentando encontrar um jeito de atender a ambas.[19]

)(

Acredito que toda análise que implica erro é, basicamente, uma expressão trágica de necessidades não atendidas. Se conseguimos ouvir do que a pessoa precisa, isso é um grande presente para ela, porque a ajuda a conectar-se com a vida.[11]

)(

Por experiência própria, constatei diversas vezes que, a partir do momento em que as pessoas começam a conversar sobre o que necessitam em vez de falar do que está errado com o outro, a possibilidade de que encontrem maneiras de atender às necessidades de todos aumenta consideravelmente.[5]

)(

Quando conseguimos nos conectar no nível da necessidade, é incrível como conflitos que parecem insolúveis começam a se tornar possíveis de resolver. Vemos a humanidade uns dos outros no nível da necessidade.[8]

)(

Quanto mais diretamente pudermos ligar os sentimentos às necessidades, mais fácil será para os outros reagir com compaixão.[5]

※

Quando expressamos nossas necessidades indiretamente, por meio de avaliações, interpretações e imagens, é provável que os outros escutem nelas uma crítica. E, quando se ouve algo que soa como crítica, tende-se a investir energia na autodefesa ou no contra-ataque.

Se desejamos uma reação compassiva, não podemos atuar contra nós mesmos manifestando nossas necessidades pela interpretação ou pela análise do comportamento dos outros. Ao contrário, quanto mais diretamente conseguirmos vincular nossos sentimentos a nossas necessidades, mais fácil será para os outros reagir com compaixão. Infelizmente, nunca ensinaram a maioria de nós a pensar partindo de necessidades. Estamos acostumados a pensar no que há de errado com os outros sempre que nossas necessidades não são satisfeitas.[5]

※

Quando não somos capazes de dizer claramente do que precisamos e só conseguimos analisar as pessoas fazendo parecer que as criticamos, as guerras estão sempre por perto, sejam elas verbais, psicológicas ou físicas.[11]

※

Deixamos as pessoas fora da nossa necessidade. A necessidade está em nós... as pessoas, não.[26]

※

Nosso corpo vai nos dizer quando deixamos clara a necessidade. Haverá uma mudança nas emoções.[15]

O que é comunicação não violenta?

><

Acho que a autoridade máxima sobre se estamos de fato em contato com uma necessidade [é] o nosso corpo. [...] O corpo vai nos dizer quando realmente nos aproximamos mais do que é essa necessidade. Ele é minha maior autoridade, no momento, sobre qual é a melhor linguagem que posso usar: meu corpo me diz.[25]

Necessidades e estratégias

Independentemente de nossas várias diferenças, todos temos as mesmas necessidades. O que difere é a estratégia para atendê-las.[34]

><

O principal para não ficar dependente da estratégia é mantê-la separada da necessidade. A energia que queremos encontrar é a necessidade. Então, assim que separamos as duas, começamos a tomar consciência de que há muitas maneiras de atender a essa necessidade. Mas quando pensamos que "necessito que essa pessoa em particular me ame" — bem, já tornei a vida miserável para mim, porque misturei necessidade com uma estratégia particular.[19]

><

Quando defino necessidades, todos os seres humanos têm as mesmas. Independentemente de gênero, nível de escolaridade, crenças religiosas ou nacionalidade, temos as mesmas necessidades. O que muda de pessoa para pessoa é a estratégia para atendê-las. Descobri que é bom para a resolução de conflitos manter separadas as necessidades das estratégias que podem atendê-las.

Uma diretriz para separar necessidades de estratégias é ter em mente que necessidades não se referem a pessoas específicas tomando atitudes específicas. Em contraposição, estratégias eficientes — ou as que são mais comumente chamadas de *vontades, pedidos, desejos e soluções* — referem-se a pessoas específicas tomando atitudes específicas.[11]

)(

Uma das piores coisas que a pessoa pode fazer consigo mesma é misturar necessidades e preferências. Equivale a pegar um mundo abundante e lindo e reduzi-lo imediatamente à dependência de uma pessoa específica tomar uma atitude específica.[25]

)(

A melhor maneira de atender às necessidades é garantir que você nunca se torne dependente de uma estratégia em particular para atendê-las.[19]

)(

Dinheiro não é uma necessidade. Sexo não é uma necessidade. Relação sexual não é uma necessidade. Alívio sexual, a sensação física, essa é uma necessidade. Mas relação sexual é um jeito de atender a essa necessidade. Mas dinheiro não é uma necessidade. E, puxa, nossa cultura erra muito ao pensar que é. [...] Dinheiro é, com muita frequência, uma estratégia útil para atender às necessidades. Mas o problema aparece quando pensamos que precisamos de dinheiro.[19]

)(

Necessidades são universais. Todos os seres humanos têm as mesmas necessidades. A segunda coisa que diferencia uma necessidade de uma estratégia [é que] uma necessidade não faz referência a ações específicas. Sempre que dizemos "quero que você", isso não é uma necessidade; é um pedido ou uma estratégia.[31]

Nossas necessidades [...] podem ser satisfeitas de inúmeras maneiras diferentes. E, sempre que nos convencemos de que elas só podem ser atendidas por uma pessoa específica, é quase certo que isso não acontecerá.[25]

)(

Ouvir e respeitar o que a pessoa necessita não significa que você deve fazer o que ela pede.[1]

Necessidades e gênero

Muitas mulheres com quem trabalho foram educadas desde a infância para acreditar que mulheres amorosas não têm necessidades. Elas sacrificam suas necessidades pela família. De maneira semelhante, os homens aprenderam que homens corajosos não têm necessidades. Eles se dispõem até a sacrificar a própria vida pelo rei, pelo governo, por quem for. Desse modo, não desenvolvemos um vocabulário de necessidades. Como podemos fazer um pedido específico, quando não temos clareza sobre nossas necessidades?[8]

)(

Pode ser extremamente assustador identificarmos e revelarmos nossas necessidades num mundo onde somos em geral julgados por isso com severidade. Sobretudo as mulheres estão sujeitas a críticas. Durante séculos, a imagem da mulher amorosa tem sido associada ao sacrifício e à abdicação das próprias necessidades a fim de cuidar dos outros.[5]

)(

A essência da comunicação não violenta segundo Marshall B. Rosenberg

Acredito que cada mensagem, seja qual for sua forma ou conteúdo, é a expressão de uma necessidade. Se aceitamos essa hipótese, podemos nos preparar para sentir quais necessidades podem estar na raiz de qualquer mensagem específica.[11]

Pedidos

Quando nossas necessidades não são atendidas, depois de revelarmos o que estamos observando, sentindo e precisando, fazemos um pedido específico: que sejam tomadas atitudes que satisfaçam nossas necessidades.[5]

)(

Na CNV, quando dizemos à pessoa o que ela está fazendo que não atende a determinada necessidade nossa, a ideia é concluir com um pedido claro, que é uma dádiva para essa pessoa. É um presente no sentido de dar a ela uma oportunidade de fazer o que os seres humanos gostam de fazer: contribuir para a vida.[21]

)(

É fundamental saber a diferença entre um desejo e um pedido. Desejos podem ser úteis se forem acompanhados na velocidade da luz por um pedido específico, atual. As duas razões pelas quais, acredito, não temos nossas necessidades atendidas em relacionamentos: número um, não as expressamos; e número dois, não fazemos pedidos específicos. Quando expressamos um desejo, costumamos pensar que estamos fazendo ambas as coisas.[19]

)(

Quando só expressamos nossas dores e necessidades não atendidas a alguém e não acrescentamos mais nada — o que exatamente você quer? — isso facilita muito para a pessoa que está saindo de um histórico de linguagem do chacal com muitos jogos de culpa contra ela. Tudo que a outra pessoa precisa fazer é dizer "estou sofrendo", e aí se espera que você entre em ação e faça alguma coisa. Então, é uma bênção para ela que você não só diga qual é a sua dor, mas também o que você quer.[13]

)(

Linguagem de ação significa dizer com clareza o que queremos, depois fazer um pedido usando verbos de ação claros. Também significa evitar linguagem que ofusque nossas necessidades ou soe como um ataque.[11]

)(

Também sugiro que os pedidos sejam feitos em *linguagem de ação positiva*, declarando com clareza o que queremos que seja feito para atender às nossas necessidades, em vez de o que não queremos. Em situações de conflito, explicar o que não queremos cria confusão e resistência. Isso vale inclusive quando falamos com nós mesmos. Se dizemos a nós mesmos apenas o que não queremos fazer, é pouco provável que efetuemos alguma grande transformação.[11]

)(

Além de utilizarmos uma linguagem positiva, precisamos formular os pedidos no molde de ações concretas que os outros sejam capazes de realizar e evitar declarações vagas, abstratas ou ambíguas.[5]

)(

Quando fazemos nossos pedidos na comunicação não violenta, eles precisam ser muito explícitos.[10]

A essência da comunicação não violenta segundo Marshall B. Rosenberg

✳

Nunca se torne dependente do seu pedido.[19]

Exigências

Ao fazermos um pedido, é bom vasculharmos a mente em busca de pensamentos do tipo que transforma automaticamente pedidos em exigências.

Ele *deveria* se arrumar sozinho.

Espera-se que ela faça o que eu peço.

Eu *mereço* um aumento.

Tive *motivos* para que eles ficassem até mais tarde.

Tenho *direito* a mais tempo de folga.[5]

✳

As exigências são um jogo perdido. Quanto mais importante for que alguém faça alguma coisa, mais importante é que essa pessoa ouça o que você está dizendo como um pedido, não como uma exigência. Se as pessoas ouvem exigências, é quase certo que resistam a elas.[10]

✳

Isso é contínuo, todos os dias todos nós temos necessidades e todos nós temos oportunidades para atender às necessidades dos outros e às nossas. Isso é a vida. É uma *mitzvah* [a bênção de uma oportunidade de ser útil]. É um *memnoon* [um pedido que abençoa quem o recebe]. Mas posso pegar essa coisa bonita e transformá-la em uma coisa feia, metamorfoseando meu pedido em exigência. Então, esse vai ser o verdadeiro teste para a outra pessoa, ainda ouvir um *memnoon*.[16]

✳

O que é comunicação não violenta?

Você nunca sabe se alguma coisa é um pedido ou uma exigência pela simpatia com que é expressa ou por quanto é clara. O que determina a diferença entre um pedido e uma exigência é como tratamos as pessoas quando elas não fazem o que pedimos.[6]

)(

Mostramos que estamos pedindo, e não exigindo, pela maneira como reagimos aos outros quando não nos atendem. Se conseguimos demonstrar uma compreensão empática do que impede que a pessoa faça o que pedimos, por minha definição, fizemos um pedido, não uma exigência. Preferir fazer um pedido, em vez de uma exigência, não significa que devamos desistir sempre que alguém disser não ao nosso pedido: significa que não tentaremos convencer o interlocutor antes de mostrar empatia por aquilo que o impede de dizer sim.[5]

)(

Podemos ajudar os outros a acreditar que se trata de um pedido, não de uma exigência, mostrando que desejamos que atendam ao nosso pedido só se o fizerem espontaneamente. Assim, poderíamos perguntar "você poderia pôr a mesa?" — em vez de "gostaria que você pusesse a mesa". Todavia, a maneira mais eficaz de comunicar que se trata de um pedido genuíno é mostrar empatia pelo interlocutor quando tal pedido ele não atende ao nosso pedido não é atendido.[5]

)(

Queremos que as pessoas atendam ao nosso pedido somente quando estiverem conectadas a um tipo de energia divina que existe em todos nós.

Essa energia divina se manifesta na alegria que sentimos em nos doar uns aos outros.[8]

A essência da comunicação não violenta segundo Marshall B. Rosenberg

)(

Em geral, o que tenho percebido desde que elevei minha consciência é que quase todas as vezes que ouço uma exigência é porque a pessoa está com muito medo de pedir. Ela não vê beleza nas próprias necessidades, apenas se julga dependente, carente ou qualquer outra coisa. E carrega vestígios do passado que não a deixam ver beleza em suas necessidades, então é muito triste para elas se continuo esse jogo ouvindo uma exigência e respondendo a partir dessa energia. Assim que ouço a exigência, portanto, preciso respirar fundo e tentar demonstrar empatia pela energia por trás da outra pessoa [...] que a leva a se expressar dessa maneira.[16]

)(

Quando responsabilizamos os outros por nossos sentimentos, muitas vezes esperamos que eles se sintam culpados quando não fazem o que pedimos. Quanto mais interpretamos um "não" como rejeição ou a causa da nossa infelicidade, maior a probabilidade de que no futuro nossos pedidos sejam ouvidos como exigências.[4]

)(

Quando ouvem exigências, as pessoas têm a impressão de que nosso cuidado, respeito e amor são condicionais. Parece que só vamos gostar delas como pessoas quando fizerem o que queremos.[7]

)(

Meus filhos me deram algumas lições valiosas sobre exigências. De alguma forma, meti na cabeça que, como pai, era meu papel fazer exigências. Contudo, aprendi que, mesmo que eu fizesse todas as exigências do mundo, elas não os levariam a fazer algo. É uma lição de humildade no exercício do poder para aqueles que acreditam que, por sermos pais, professores ou diretores, é nossa tarefa mudar os outros e fazê-los se comportar. Pois ali estavam aqueles

O que é comunicação não violenta?

jovens me mostrando que eu não conseguiria obrigá-los a nada. No máximo poderia, por meio da punição, fazê-los desejar ter feito o que eu queria. E acabaram me ensinando que, sempre que eu fosse muito tolo fazendo isso, eles teriam maneiras para me fazer desejar não tê-los punido![5]

✕

Os pedidos são interpretados como exigência quando o interlocutor acredita que será culpado ou punido se não atendê-los. Quando ouvem uma exigência, as pessoas veem apenas duas opções: submissão ou rebeldia. Em ambos os casos, quem faz o pedido é tido como autoritário, e a capacidade do ouvinte de reagir ao pedido com compaixão se reduz.[5]

✕

Também é complicado [...] quando se fazem pedidos sem primeiro comunicar os sentimentos e as necessidades por trás deles.[5]

✕

As pessoas ouvem pedidos como exigências se pensam que serão punidas ou culpadas caso não realizem a tarefa. Quando elas pensam assim, perdem toda a alegria de fazer qualquer coisa.[7]

✕

Se as pessoas ouvem exigências, é provável que percam muito da alegria de fazer qualquer coisa. Isso costuma gerar mais resistência do que cooperação.[31]

Pedidos genuínos

Para expressar pedidos genuínos, também é necessário ter consciência do objetivo. Se nosso objetivo é apenas mudar os outros e seu comportamento ou obter o que queremos, a CNV não é o recurso indicado. O processo foi desenvolvido para aqueles que gostariam que os outros mudassem e correspondessem, mas somente se preferirem fazê-lo livremente e com compaixão. O objetivo da CNV é estabelecer uma relação fundada na sinceridade e na empatia. Quando os outros confiam que nosso compromisso maior é com a relação e que esperamos que esse processo satisfaça às necessidades de todos, eles acreditam que nossos pedidos são verdadeiros, não exigências camufladas.[5]

Quando estiver em uma posição de autoridade, nunca faça uma pergunta ou um pedido sem antes revelar seu coração.[22]

Não responda a nenhuma pergunta antes de sentir que existe uma conexão firme com o coração da pessoa que faz o pedido. É que a pergunta é sempre um pedido. Nunca responda a um pedido antes de se conectar com a necessidade. Se não vemos a necessidade, isso tira toda a alegria de fazer qualquer coisa que essa pessoa queira.[22]

Técnica *versus* intenção

Eu tento nunca adivinhar os sentimentos alheios se meu motivo para isso é usar a comunicação não violenta, porque, nesse caso, isso vai deixar as pessoas malucas. Ouvirão uma técnica mecânica sendo utilizada com elas. Quero ter certeza de que, quando deduzo os sentimentos e as necessidades dos outros, seja para me conectar com a energia divina que vem deles, porque adoro surfar a onda. Adoro surfar a onda. E não tem onda — nem as do oceano — tão divertida quanto surfar a energia divina que chega através de nós.[12]

꒰ ꒱

A **mecânica só** tem utilidade na medida em que apoia nossa conexão de determinada maneira. Se ficamos tão preocupados com a mecânica que ela se torna o único objetivo, perdemos o processo. Esse é um dos aspectos mais difíceis no nosso treinamento, pois uma das coisas de que as pessoas dizem gostar nele é que realmente as ajuda a manifestar de maneira concreta aquilo em que sempre acreditaram. Portanto, elas gostam de que ele seja um jeito de se manifestar de modo concreto, mas sua própria concretude pode ser uma desvantagem quando fazer "certo" se torna um objetivo.[2]

꒰ ꒱

Durante as fases iniciais do aprendizado desse processo, podemos nos ver aplicando os componentes da CNV mecanicamente, sem ter consciência de seu propósito intrínseco.[5]

꒰ ꒱

Não estamos tentando ser legais, estamos tentando ser reais. Estamos tentando ser sinceros sobre o que acontece em nós.[21]

꒰ ꒱

Embora eu me refira à CNV como "processo de comunicação" ou "linguagem da compaixão", ela é mais que processo ou linguagem. Num nível mais profundo, é um lembrete permanente para concentrar a atenção onde teremos maior probabilidade de achar o que procuramos.[5]

꒰ ꒱

Precisamos aprender a fazer o que chamamos de "girafa de rua": garantir que percebemos todos os seres humanos com as mesmas necessidades. Mas certas culturas têm maneiras diferentes de se comunicar nesse nível.[28]

A importância da conexão

Se você não está conectado com a vida em si mesmo, vai ser muito difícil se conectar com os outros.[22]

)(

Nosso objetivo é criar uma capacidade de conexão empática que permita que as necessidades de todos sejam atendidas.[34]

)(

Por mais de 40 anos, mediei uma ampla variedade de conflitos entre pais e filhos, maridos e esposas, supervisores e subordinados, palestinos e israelenses, sérvios e croatas, e grupos em guerra em Serra Leoa, Nigéria, Burundi, Sri Lanka e Ruanda. O que aprendi lidando com esse nível de confrontos é que é possível resolver conflitos de forma pacífica e para a satisfação de todos. A probabilidade de que os conflitos sejam resolvidos de maneira satisfatória é significativamente maior se certa capacidade de conexão humana puder ser estabelecida entre as partes conflitantes.[11]

)(

A comunicação não violenta nos ajuda a nos conectarmos conosco e com os outros de uma maneira que permite que nossa compaixão natural floresça.[34]

)(

O que é comunicação não violenta?

Quando juntamos tudo isso, fica mais ou menos assim: podemos começar um diálogo com a pessoa dizendo a ela o que está vivo em nós e o que gostaríamos que ela fizesse para tornar a vida mais maravilhosa para nós. Então, independentemente de como ela responder, tentamos nos conectar com o que está vivo nela e com o que faria a vida mais maravilhosa para ela. E mantemos esse fluxo de comunicação até encontrarmos estratégias para atender às necessidades de todo mundo.[8]

)(

Existe outra abordagem além de não fazer nada ou usar táticas coercivas. Ela requer uma consciência da diferença sutil, mas importante, entre o nosso objetivo ser levar as pessoas a fazerem o que queremos, o que eu não estou defendendo, e deixar claro que nosso objetivo é criar o tipo de conexão necessária para que as necessidades de todos sejam atendidas.

Tenho percebido por experiência própria que, independentemente de estarmos nos comunicando com crianças ou adultos, quando notamos a diferença entre esses dois objetivos e não tentamos convencer o outro a fazer o que queremos, mas procuramos criar um tipo de cuidado e respeito mútuos, um contexto em que as duas partes pensem que suas necessidades são importantes e tenham consciência de que tais necessidades e o bem-estar do outro são interdependentes, é impressionante como se solucionam com facilidade conflitos que de outra forma seriam insolúveis.[7]

)(

A comunicação não violenta é uma das ferramentas mais poderosas que encontrei para me conectar com pessoas de um jeito que nos ajude a permanecer conectados com o divino, em que o que fazemos para o outro sempre deriva de energia divina. Esse é o lugar aonde quero chegar.[6]

Percebi muitas vezes que, não importa o que aconteça, se as pessoas se conectam dessa maneira, é inevitável que acabem gostando de se entregar umas às outras. É *inevitável*. Para mim, meu trabalho é como assistir a esse espetáculo mágico. É bonito demais para descrever com palavras.[6]

O Paraíso que ganho por conhecer Deus é essa inevitabilidade, saber que é inevitável que, seja qual for o inferno no momento, se chegarmos a esse nível de conexão uns com os outros, se entrarmos em contato com a energia divina uns dos outros, é inevitável gostar de nos entregar e devolver à vida. Já vi tanta coisa feia entre as pessoas que não me preocupo mais com isso. É inevitável. Se estabelecemos esse tipo de conexão, vamos gostar de aonde ela nos leva.[6]

Não acho que possa haver uma conexão autêntica quando uma pessoa está analisando a outra.[34]

Deixe para pensar em resultado/solução mais tarde; é pela conexão que as soluções se materializam — empatia antes de educação.[34]

2

As intenções e o conhecimento por trás da CNV

O conhecimento da CNV

Quando estamos vivendo a comunicação não violenta, tudo que conseguimos ver são os sentimentos e as necessidades das outras pessoas.[10]

)(

Os usuários da CNV nunca querem a aprovação alheia. Nunca concedem esse poder e não permitem que outras pessoas lhes digam o que fazer. Isso é o que diríamos na CNV:

Aqui está o que eu quero. Gostaria de saber qual é a sua posição em relação a isso. Quero conhecer as suas necessidades assim como as minhas, não porque, ao ouvir suas necessidades, vá desistir ou abdicar das minhas. Estou consciente de que não posso me beneficiar às suas custas. Para mim, suas necessidades são tão importantes quanto as minhas. E tenho clareza de que isso jamais significa ter que abrir mão das minhas necessidades.[1]

Tenho muita confiança de que você nunca fez nada de errado; você nunca fará.[15]

>(

Queremos agir a partir do desejo de contribuir com a vida, não por medo, culpa, vergonha ou obrigação.[34]

>(

A todo momento, cada fenômeno vivo está tentando fazer a coisa mais maravilhosa de que é capaz no mundo.[15]

>(

Acredito ser impossível alguém ver uma oportunidade de enriquecer a vida senão como um presente precioso.[16]

>(

Quando encontramos essa necessidade de enriquecer a vida, temos uma energia natural. É um lembrete recorrente, uma coisa que estamos fazendo todos os dias; começamos o dia tomando um tempo para levar a consciência a essa beleza que cada um de nós tem, esse poder de tornar a vida maravilhosa.[17]

>(

Quando temos conhecimento do nosso poder de enriquecer a vida, de como podemos servir à vida, a sensação é boa. [...] Não tem nada melhor, nada que desperte um sentimento melhor, nada mais prazeroso do que usar nossos esforços a serviço da vida contribuindo com o bem-estar uns dos outros.[8]

>(

As intenções e o conhecimento por trás da CNV

Acredito que a motivação mais alegre e intrínseca que os seres humanos têm para tomar qualquer atitude é o desejo de atender às nossas necessidades e às necessidades dos outros.[34]

✂

Continua sendo verdade que, quando as pessoas se conectam com as necessidades por trás da raiva, da frustração e da violência, elas entram em um mundo diferente. Estão no mundo de que fala Rumi, o místico e poeta sufi do século 13: "Além das ideias de certo e errado existe um campo: eu o encontrarei lá".[8]

✂

Esse mundo a que Rumi se refere quando fala sobre certo e errado... Gostaria de passar tantos momentos da minha vida quanto pudesse nesse mundo.[18]

✂

Qualquer necessidade que tenhamos, temos por todas as pessoas no mundo.[19]

✂

Prevejo que quando tivermos isso em mente — não fazer nada que não seja brincar — veremos que o jogo mais divertido do mundo é tornar a vida maravilhosa.[3]

✂

A CNV requer que estejamos continuamente conscientes da beleza dentro de nós e das outras pessoas.[10]

✂

As comunicações humanas que enriquecem a vida têm três características:

1 As pessoas conectam-se empaticamente com o que cada uma sente e necessita — não se culpam nem deixam que julgamentos que implicam erro turvem essa conexão.

2 Elas conhecem a natureza interdependente de suas relações e valorizam a satisfação das necessidades do outro tanto quanto a das próprias necessidades — sabem que suas necessidades não podem ser supridas à custa de alguém.

3 Elas cuidam de si mesmas e umas das outras com o único objetivo de enriquecer a vida — não são motivadas pela coerção nem a utilizam na forma de culpa, vergonha, dever, obrigação, medo de punição ou esperança de recompensas extrínsecas.[4]

※

Se duas pessoas têm essa consciência, tudo que ouvem uma da outra é um agradecimento ou um presente.[20]

※

A CNV é um jeito de manter essa consciência sintonizada com a beleza dentro de nós momento a momento.[34]

※

Assim, a comunicação não violenta é um jeito de... não dizer nada que pensemos que possa de alguma forma macular a consciência das pessoas sobre a própria beleza. A CNV nos mostra uma maneira de sermos sinceros, mas sem nenhuma crítica, sem insultos, sem sermão, sem nenhum diagnóstico intelectual que sugira erro. Porque, quanto mais usamos as palavras que implicam crítica de alguma forma, mais difícil é para as pessoas se manterem conectadas com a beleza dentro delas.

E a comunicação não violenta nos mostra um jeito de ficar com essa beleza em nós e com outras pessoas, mesmo quando elas não estão usando a CNV.[10]

As intenções e o conhecimento por trás da CNV

✳

Nada mais prazeroso que usar nossos esforços a serviço da vida.[8]

✳

Estamos mesmo obtendo o que queremos deste momento da vida? E, se não estamos, façamos algo a respeito disso! Cada momento é muito precioso, muito precioso. Então, quando nossa vitalidade cai e começamos a nos tornar uma daquelas pessoas benevolentes, mortas, vamos acordar. Vamos fazer algo quanto a isso.[23]

✳

As girafas não perdem tempo pensando em que tipo de pessoa elas são. Pensam, a cada instante, sobre "o que é a vida em mim neste momento?", não "o que eu sou?", "o que é a vida que está acontecendo em mim neste momento?"[23]

✳

Se você está usando a comunicação não violenta para conseguir o que quer, não está usando a comunicação não violenta.[26]

✳

Quando ouvimos os sentimentos e as necessidades do outro, reconhecemos nossa humanidade comum.[34]

✳

Pessoas que parecem ser monstros são apenas seres humanos cuja linguagem e comportamento às vezes nos impedem de perceber sua humanidade.[5]

✳

Milagres podem acontecer quando conseguimos impedir nossa consciência de analisar e classificar uns aos outros.[34]

>‹

Quando nossa comunicação apoia o dar e receber compassivo, a felicidade substitui violência e pesar![34]

>‹

Uma das coisas que me dão grande prazer é como é preciso pouco para fazer os seres humanos felizes.[22]

Criar paz

A paz requer algo bem mais difícil que vingança ou apenas dar a outra face; requer empatia por medos e necessidades não atendidos, que fornecem o ímpeto para as pessoas atacarem umas às outras. Quando têm consciência desses sentimentos e necessidades, elas perdem a vontade de atacar, pois conseguem enxergar a ignorância humana que leva a esses ataques; em vez disso, seu objetivo passa a ser prover a conexão empática e a educação que as capacitarão a transcender sua violência e se engajar em relações cooperativas.

Quando as pessoas se conectam com suas necessidades, elas não têm essa raiva que as leva a querer punir outrem. Precisamos avaliar nossas necessidades: estão sendo atendidas ou não? Mas isso é feito sem que penetremos nossa cabeça e transformemos em inimigos e vilões as pessoas que, de algum jeito, não estão atendendo às nossas necessidades. Cada vez que entramos em nossa cabeça e fazemos um julgamento do outro, em vez de ir para o coração e ver as necessidades, reduzimos a probabilidade de a pessoa gostar de se entregar a nós.[8]

>‹

Eu gostaria que criássemos paz em três níveis, e que cada um de nós soubesse fazer isso. Primeiro, dentro de nós mesmos. Trata-se de saber como ser apaziguadores conosco quando somos menos que perfeitos, por exemplo. Como aprender a partir das nossas limitações, sem nos culpar nem nos punir. Se não somos capazes disso, não me sinto muito otimista em relação a como vamos nos relacionar de forma pacífica no mundo. Segundo, entre pessoas. O treinamento em comunicação não violenta mostra às pessoas como criar paz dentro delas e, ao mesmo tempo, como criar com outras pessoas conexões que permitam que a entrega compassiva ocorra naturalmente. E terceiro, em nossos sistemas sociais. Olhar para as estruturas que criamos, as estruturas governamentais e outras, e verificar se elas apoiam conexões pacíficas entre nós e, se não, transformá-las.[34]

><

Acredito, como Teilhard de Chardin acreditava, que um mundo pacífico não só é possível como é inevitável. Acho que estamos evoluindo nesse sentido. É claro, ele era muito paciente porque era paleontólogo; pensava em termos de milhares de anos. E não era ingênuo sobre toda a violência que acontece agora, mas via a violência apenas como um tropeço na evolução. Ele percebe nossa evolução, e eu também, mas não com a mesma paciência dele. Não posso esperar milhares de anos por ela, por isso estou interessado em acelerar tudo isso. Mas acho que ela é inevitável e, a menos que destruamos o planeta nesse ínterim, estamos nos movendo nessa direção.

Eu e os membros do Center for Nonviolent Communication vamos continuar fornecendo esse treinamento, para que as pessoas consigam criar dentro delas um universo que apoie e mantenha um mundo externo de paz. Fazemos isso porque queremos que as pessoas saibam criar paz em seus relacionamentos — e que conheçam seu próprio poder para criar estruturas que apoiem interações compassivas, trocas compassivas de recursos e justiça compassiva.[8]

Ser pleno

A girafa requer uma consciência de plenitude. No território chacal, só conhecemos *egoísta/altruísta*. Trazemos agora um conceito inteiramente diferente de *plenitude*. Assim, qualquer coisa que as pessoas façam por outrem e não seja puramente por plenitude, pagamos da seguinte maneira: afastando-as do jogo divino do qual estamos falando.[16]

><

As girafas nunca atendem às necessidades de ninguém além delas mesmas. São plenas. Não confunda com egoístas. Não confunda com altruísta. Plenas.[22]

><

Se fui educado para ser altruísta, não dou às pessoas a oportunidade de incentivar e apoiar o próprio crescimento, de atender à necessidade de se entregar. Se sou o único que se entrega, estou monopolizando o que é bom.[16]

><

Eu diria que o que chamamos de egoísmo é plenitude trágica.[18]

><

Aqueles que chamo de plenos percebem que não fazemos nada pelos outros, só por nós mesmos. E o que nos traz mais satisfação? Contribuir para o bem-estar dos outros. Desse modo, agimos assim para suprir nossa necessidade de significado, propósito na vida, alegria. A alegria vem de enriquecer a vida para outras pessoas, entenda; estamos fazendo isso por nós. Isso é o que mais nos traz satisfação.[18]

Egoísmo é só plenitude limitada. Você tem algumas necessidades atendidas, mas à custa dos outros. Se ponho toda essa energia em ter essa necessidade atendida... estou arruinando minha chance de ter outras necessidades muito importantes supridas. Então, não estou cuidando muito bem de mim.[18]

Somos tão profundamente impregnados e tão expostos a táticas destinadas a nos induzir a fazer o que é bom para nós e para a sociedade por intermédio dessas táticas, que é muito difícil alcançar a entrega pura entre seres humanos. Por isso gosto de me analisar, ter certeza de que nunca faço nada pelos outros, nunca, apenas por razões plenas. Só quando é brincadeira.[16]

Ver as necessidades como um presente

Se nossos pais sofreram muito porque suas necessidades não foram atendidas, é bem provável que todas as mensagens que recebemos — ou muitas delas — [em consideração] às nossas necessidades foram de sofrimento, e não de alguém que está recebendo um presente. E... não tínhamos orelhas de girafa, por isso passamos a concluir que o que está vivo em nós é algo feio.[16]

A parte mais importante de expressar nossas necessidades nem é a linguagem que usamos; na verdade, é a nossa consciência a respeito de nossas necessidades. É que a cultura em que crescemos nos ensina a pensar que ter necessidades é ser necessitado, dependente, fraco, egoísta. Dessa forma, quando acessamos essa consciência e reunimos coragem para expressar nossas necessidades e nossos pedidos, fazemos isso com o que chamo de energia "me chuta".[19]

⟩(

Muitos de nós precisam se esforçar ao extremo para enxergar nossas necessidades como um presente, o que penso que são. É o que está vivo em nós. E fazer um pedido ao outro dá a ela outro presente — uma oportunidade de fazer o que os seres humanos apreciam mais que qualquer coisa: enriquecer a vida. Assim, se temos essa energia, essa consciência, a mecânica das palavras é secundária. Essa consciência sobre nossas necessidades é o mais difícil de desenvolver [...] ver nossas necessidades como presentes.[19]

⟩(

Os indivíduos não são bons escravos quando veem suas necessidades como um presente.[19]

⟩(

Se a pessoa ouve com precisão sua necessidade, ela vai receber um presente. Isso me ajudou muito. Então, assim que olho nos olhos da pessoa, veja você, sei que ela não recebeu a necessidade. O maldito serviço postal do chacal. Mandei um presente bonito, eles entregaram algo feio. Mas não quero presumir que é minha necessidade que pode estimular aqueles olhares de "faça você mesmo" ou "o que acha que sou, um escravo?"[19]

⟩(

E tentei olhar dentro de mim, tentei descobrir, por que ainda tenho tanta dificuldade para ver minhas necessidades como algo belo? E um dia entendi: por causa de tantas pessoas que um dia se entregaram a mim com qualquer outra energia que não *memnoon* [um pedido que abençoa aquele a quem é feito]. Tenho medo de que as pessoas digam "não"? Não, não tenho o menor medo do "não"; as pessoas praticamente nunca me disseram "não". Tenho muito mais medo de um "sim" — que me deram com aquela outra coisa misturada e agora me leva a associar minha necessidade a um fardo.[20]

Encontrar nossa compaixão natural

A CNV nos permite ligarmos uns aos outros e a nós mesmos, permitindo o florescimento da compaixão natural. Ela nos ajuda a reformular nosso modo de expressão e a escuta dos outros, pela concentração em quatro áreas: o que observamos, o que sentimos, o que necessitamos e o que pedimos para enriquecer nossa vida. A CNV promove uma escuta, um respeito e uma empatia profundos e provoca o desejo mútuo da entrega de coração.[5]

><

Quando somos violentos por dentro conosco, é difícil ter uma compaixão verdadeira pelos outros.[5]

><

O que eu quero na vida é compaixão, um fluxo entre mim e os outros, numa entrega mútua, do fundo do coração.[5]

Criar sistemas que enriquecem a vida

Se você quer servir à vida, você quer criar sistemas que a enriqueçam.[3]

Enriquecer a vida é o conceito-chave no meu paradigma: cada ação deriva de uma imagem de como as necessidades humanas seriam atendidas pela ação. Essa é a ideia que mobiliza tudo. Uma organização que enriquece a vida é aquela em que todo o trabalho nela, tudo que cada funcionário faz, deriva de ver como isso vai apoiar a vida na forma de atender necessidades — necessidades do planeta, das árvores, dos lagos ou de seres humanos ou animais — e, é claro, como a vida será servida quando se atendem às necessidades. E essa é a visão que inspira as ações, simplesmente. Em uma estrutura que enriquece a vida, ninguém trabalha por dinheiro. Este desempenha o mesmo papel do alimento para a mãe que está amamentando seu bebê. Ela não recebe comida como pagamento. O alimento é a nutrição para que ela tenha a energia para servir à vida.

Tudo se resume às necessidades humanas, e é por isso que a comunicação não violenta é tão enraizada na consciência de necessidades. Tudo que fazemos está a serviço de necessidades e do prazer que se sente quando estas são atendidas, sobretudo as necessidades espirituais. Essas são as necessidades mais divertidas de suprir.

Para mim, as abelhas e as flores são parte de uma organização que enriquece a vida. Veja como as duas atendem às necessidades uma da outra. Não fazem isso por culpa, dever nem obrigação, mas naturalmente, em um sistema natural. As abelhas extraem seu néctar da flor e a polinizam.[3]

É difícil distinguir suprir necessidades humanas das necessidades do ambiente: elas são a mesma coisa. Suprir as necessidades de todos os fenômenos no planeta. Ver a unicidade de tudo isso. Ver a beleza em todo esse esquema, em todo esquema interdependente

As intenções e o conhecimento por trás da CNV

da vida. Estruturas que enriquecem a vida — o tipo de estrutura que eu gostaria de nos ver criando e participando delas — são estruturas cuja visão é servir a vida. E como sabemos se uma organização — seja ela uma família, uma equipe de trabalho ou o governo — serve à vida? Descobrimos perguntando: sua missão é atender às necessidades e enriquecer a vida das pessoas dentro da organização e afetadas por ela?[3]

✕

As **organizações que** enriquecem a vida se caracterizam por justiça e equidade na distribuição de recursos e privilégios. As pessoas em postos de liderança servem aos seus subordinados em vez de querer controlá-los. A natureza das leis, regras e regulações é definida de maneira consensual, entendida e seguida de forma espontânea.[4]

✕

As **organizações que** enriquecem a vida, sejam elas famílias, escolas, empresas ou governos, valorizam o bem-estar de cada pessoa na comunidade ou organização e apoiam, entre os membros do grupo, conexões que enriquecem a vida.[4]

✕

Em uma organização que enriquece a vida, conseguimos o que queremos, mas nunca à custa de outras pessoas — conseguir o que queremos à custa de outrem não consegue suprir todas as nossas necessidades. Nosso objetivo em uma organização que enriquece a vida é muito mais bonito — expressar nossas necessidades sem culpar os outros e ouvir respeitosamente as necessidades dos outros sem desistir ou ceder — criando, desse modo, um tipo de conexão pela qual as necessidades de todos possam ser atendidas.[4]

A espiritualidade da CNV

A CNV é uma combinação de pensamento e linguagem, bem como um meio de usar o poder designado para servir a uma intenção específica. Essa intenção é criar com outras pessoas e nós mesmos o tipo de conexão que permite a entrega com compaixão. Nesse sentido, ela é uma prática espiritual: todas as atitudes são tomadas pelo único propósito de contribuir espontaneamente com o bem-estar dos outros e o nosso.[8]

✄

A espiritualidade incorporada na CNV existe não tanto para ajudar as pessoas a se conectarem com o divino, mas para vir da energia divina de que somos criados, nossa energia natural de serviço à vida. É um processo vivo para nos manter ligados à vida dentro de nós e à vida que está acontecendo em outras pessoas.[8]

✄

A espiritualidade que abraçamos é tornar as pessoas conscientes a cada momento de que nosso propósito na vida vem de entregar com compaixão, servir com compaixão. Não tem nada mais maravilhoso do que exercitar nosso poder a serviço da vida. Essa é uma manifestação da energia divina dentro de nós, e essa é nossa maior alegria: usar nossos esforços a serviço da vida.[8]

✄

Acho importante que as pessoas vejam que a espiritualidade está na base da comunicação não violenta e aprendam como funciona o processo da CNV com isso em mente. É, de fato, uma prática espiritual que estou tentando mostrar como estilo de vida. Embora não façamos questão de mencionar, as pessoas são cativadas pela prática. Mesmo que pratiquem a CNV como uma técnica mecânica, começam a experimentar coisas entre elas e outras pessoas que não conseguiam vivenciar antes. Então, em algum momento, elas chegam à espiritualidade do processo. Começam a ver que isso é mais que um processo de comunicação e percebem que é, na verdade, uma tentativa de manifestar nossa espiritualidade.[6]

><

Preciso de um jeito para pensar que Deus trabalha para mim — outras palavras ou meios para olhar para essa beleza, essa energia poderosa —, e por isso meu nome para Deus é "amada energia divina". Por um tempo, foi só "energia divina", mas na época eu estava lendo sobre religiões orientais e poetas orientais, e adorava como eles tinham essa conexão pessoal e amorosa com essa energia. E descobri que agregava à minha vida chamá-la de "amada energia divina". Para mim, essa amada energia divina é vida, conexão com a vida.[6]

><

Conheço a amada energia divina que me conecta com seres humanos de uma certa maneira. Não só vejo a energia divina, eu sinto o sabor da energia divina, sinto a energia divina, e sou a energia divina. Estou ligado à amada energia divina quando me conecto com seres humanos desse jeito. Então, Deus está muito vivo para mim.[6]

><

A comunicação não violenta me ajuda a permanecer conectado com essa linda energia divina dentro de mim e me ligar a ela nos outros. E certamente, quando faço isso, o que acontece é o mais próximo de saber o que é estar conectado com Deus.[6]

A essência da comunicação não violenta segundo Marshall B. Rosenberg

)(

Nós somos essa energia divina. Não é algo que precisamos alcançar. Só precisamos percebê-la, estar presentes para ela.[34]

)(

Antes de derrubarmos as gangues [grupos de cujo comportamento não gostamos, sejam gangues de rua, corporações ou governos] [...] devemos ter certeza de que nos libertamos de como fomos criados e garantir que partimos de uma espiritualidade que nós escolhemos.[34]

)(

Tenha muito claro o tipo de mundo que apreciaríamos, depois comece a viver desse jeito.[34]

)(

A sobrevivência de nossa espécie depende da capacidade de reconhecermos que nosso bem-estar e o bem-estar dos outros são, na verdade, uma coisa só.[34]

)(

O tipo de espiritualidade que valorizo é aquele em que se obtém grande alegria por contribuir com a vida, em vez de apenas sentar-se e meditar, embora a meditação tenha seu valor, claro. Mas a partir da meditação, da consciência resultante dela, eu gostaria de ver as pessoas em ação, criando o mundo em que querem viver.[6]

)(

A menos que, como agentes de transformação social, partamos de uma certa espiritualidade, é provável que causemos mais mal do que bem. O que quero dizer com espiritualidade é que, a cada momento, permanecemos conectados com nossa vida e a vida das outras pessoas. E podemos descobrir nossa espiritualidade perguntando: o que é a boa vida? O que estamos fazendo? Esse tipo de consciência vai nos conduzir a uma espiritualidade que enriquece a vida, que nos ajuda a nos ligarmos a nós mesmos e aos outros no nível do coração.[3]

Entender a escolha

Quando você é realmente livre, sabe que pode fazer o que escolher fazer em todos os momentos da sua vida. Ninguém pode obrigá-lo a nada.[3]

)(

Uso as palavras *eu sinto porque eu* para nos lembrar que o que sentimos não é causado pelo que as outras pessoas fizeram, mas por uma escolha que fizemos.[34]

)(

Quando usamos uma linguagem que rejeita a possibilidade de escolha, renunciamos à vida em nós mesmos por uma mentalidade robótica, que nos separa de nossa essência.[5]

)(

Entenda, com as girafas, não é uma questão de saber o que é certo e acatar. Ser girafa requer escolher o que você quer. Escolher. Baseia-se mais em intuição. Não é pensamento. É mais estar realmente em contato com suas necessidades não satisfeitas, e depois decidir o que você quer fazer em relação a isso.[23]

)(

As pessoas têm medo de perder sua autonomia. É muito precioso para nós fazer as coisas quando escolhemos fazê-las. [...] E no mundo todo, quer saber? As pessoas a entregam. Entregam a autoridades, aceitam que a autoridade diga a elas o que é certo. Essa é uma coisa engraçada sobre os seres humanos. Eles querem muito autonomia, mas renunciam a ela o tempo todo.[23]

><

Essa é uma necessidade muito importante, fazer as próprias escolhas. Desde o momento em que nos percebemos como pessoas distintas, aos 2 anos de idade, essa é uma necessidade muito forte.[26]

><

Nenhum ser humano jamais fez algo que não escolheu fazer. Muitas pessoas foram programadas para acreditar que não têm escolha, porque isso ajuda a educá-las para serem boas pessoas mortas.[27]

><

A forma como escolho olhar para qualquer situação vai afetar em grande parte o meu poder de mudá-la ou de piorá-la.[34]

><

Não fazemos nada que não esteja a serviço de nossas necessidades. Não dizemos nada nem fazemos nada [...] que não escolhemos fazer. Não estou dizendo que gostamos disso, [que] gostamos de fazer isso. Estou dizendo que não fazemos nada que não escolhemos fazer.[27]*

---

* É importante contextualizar essa afirmação dentro de uma compreensão mais ampla sobre a dinâmica de poder e as condições estruturais que podem influenciar e limitar as escolhas pessoais. A CNV, mesmo concebendo que todos fazemos escolhas para cuidar de nossas necessidades, reconhece que essas escolhas podem ser gravemente restringidas por condições externas, como violência, opressão ou injustiça social. [N. R. T.]

As intenções e o conhecimento por trás da CNV

O processo é maravilhoso. Cada fenômeno vivo em cada momento está buscando um jeito de tornar a vida maravilhosa. Não estou dizendo que as escolhas que fazemos são maravilhosas. Em geral, escolhemos estratégias que não funcionam. Não só não tornam a vida maravilhosa como a tornam miserável. Mas a todo instante precisamos ver que a intenção ao escolher é tornar a vida maravilhosa. É fazer o melhor possível para servir à vida a todo momento. E isso é maravilhoso.[15]

Parte II

Barreiras para a incorporação da CNV

"Não somos tão complicados... Todos temos as mesmas necessidades."[24]

3

Como o condicionamento cultural atrapalha

Todos aprendemos coisas que limitam nossa humanidade, seja com pais, professores, religiosos bem-intencionados, seja com outras pessoas. Transmitido através de gerações, até séculos, muito desse aprendizado cultural destrutivo está tão enraizado na vida que nem temos mais consciência dele. Em um de seus números, o comediante Buddy Hacket, que foi criado comendo a comida pesada da mãe, afirmou que até ter entrado no Exército nunca tinha percebido que era possível deixar a mesa sem sentir azia. Da mesma maneira, a dor ocasionada por condicionamentos culturais nocivos é tão intrínseca à nossa vida que não conseguimos mais perceber sua presença. São necessárias uma energia e uma consciência enormes para reconhecer esse aprendizado destrutivo e transformá-lo em pensamentos e atitudes que valorizem e assegurem a vida.[5]

)(

Nós, seres humanos, não somos tão complicados. Todos temos as mesmas necessidades. Apenas fomos educados [...] para justificar meios muito brutais de suprir nossas necessidades.[24]

><

Quando existem estruturas que não ajudam a realmente servir as pessoas, mas são baseadas em algum pensamento que se mantém vivo por cerca de oito mil anos, e que causa extrema violência no planeta... veremos muita gente extremamente deprimida. Não porque elas têm algum tipo de doença, mas porque educamos as pessoas para se encaixarem nas estruturas que criamos. Vai haver muita violência, direcionada tanto para o exterior quanto para o interior.[19]

><

As estruturas governamentais nas quais fomos programados para viver requerem criar pessoas boas, "mortas", que fazem o que seus superiores afirmam que é certo. Bem, então é por isso que usamos táticas de culpa, táticas de vergonha, punição, recompensas: para manter essas criaturas que criam a violência no nosso planeta.[21]

><

As pessoas foram treinadas para criticar, insultar e comunicar-se de maneiras que criam distância entre elas.[34]

><

Fomos criados, educados sob sistemas de dominação cujo propósito é nos ensinar a ser dóceis e subservientes à autoridade. Aprendemos uma linguagem que não nos ajuda a expressar como somos e o que tornaria a vida mais maravilhosa.[22]

Como o condicionamento cultural atrapalha

✕

Em nossa cultura, muitos de nós fomos treinados para ignorar nossas vontades e desconsiderar nossas necessidades.[34]

✕

Quando estamos integralmente em contato com nossas necessidades, a natureza nos põe na cabeça imagens de como atender a elas. Mas a educação nas culturas de dominação bloqueia esse processo natural e transforma nossa consciência da necessidade em um falso reconhecimento de uma necessidade.[25]

✕

Durante oito mil anos, fomos programados nessa linguagem de violência, que nos ensina a julgar o outro: certo, errado, bom, mau, normal, anormal, guerrilheiro, terrorista. A transformar as pessoas em objetos, em coisas que justificam punição, recompensa.[29]

✕

Na escola, os professores nos ensinam a desumanizar os seres humanos tendo em mente o que eles são, não o que necessitam.[34]

✕

Quando ouvimos necessidades, isso gera compaixão. Quando ouvimos diagnósticos, isso gera uma atitude defensiva e de ataque.[34]

✕

Quatro tipos de desconexão*: (1) diagnóstico (julgamento, análise, crítica, comparação); (2) negação de responsabilidade; (3) exigência; (4) linguagem orientada ao merecimento.[34]

---

* Em inglês, *the four D's of disconnection: (1) diagnostic; (2) denial of responsibility; (3) demand; (4) deserve.* [N. R. T.]

4

A tragédia do julgamento

Certo e errado

Existem culturas que não têm a palavra *errado* na consciência. Elas vivenciam bem menos violência do que nós.[12]

〕〔

Como girafa, você tem conhecimento de que nunca faz nada errado. [...] Essa é, provavelmente, a parte mais difícil sobre ser girafa — ter consciência de que nunca fazemos nada errado. Estamos fazendo o melhor que podemos a cada momento.[23]

〕〔

Na comunicação não violenta, queremos ser sinceros, mas sem usar palavras que sugiram erro, crítica, insulto, julgamento ou diagnóstico psicológico.[8]

〕〔

Muitos de nós não sabemos o que queremos. Só depois que conseguimos alguma coisa e ela bagunça a nossa vida, percebemos que não era isso que queríamos. Digo que quero um sorvete, compro, tomo, depois me sinto péssimo e percebo que não era isso que eu queria. Para um praticante da CNV, não é uma questão de saber o que é certo ou errado. Usar a linguagem de vida requer coragem e escolher o que você quer baseado mais em intuição do que em pensamento. É estar em contato com nossas necessidades não atendidas e escolher o que queremos fazer em relação a elas.[1]

✷

O objetivo final é passar tantos momentos de vida quanto eu puder naquele mundo de que o poeta Rumi fala, um lugar além do certo e do errado.[2]

✷

Certa vez, o poeta sufista Rumi escreveu: "Além das ideias de certo e de errado existe um campo. Eu me encontrarei lá com você". No entanto, a comunicação alienante da vida nos prende num mundo de ideias sobre o certo e o errado — um mundo de julgamentos, uma linguagem cheia de palavras que classificam e dicotomizam as pessoas e seus atos. Quando empregamos essa linguagem, julgamos os outros e seu comportamento preocupando-nos com o que é bom, mau, normal, anormal, responsável, irresponsável, inteligente, ignorante etc.[5]

✷

Muito antes de ter chegado à idade adulta, aprendi a me comunicar de uma maneira impessoal, que não exigia que eu revelasse o que se passava dentro de mim. Quando encontrava pessoas ou comportamentos de que não gostava ou que não compreen-

A tragédia do julgamento

dia, eu reagia considerando-os errados. Se meus professores me passavam uma tarefa que eu não queria fazer, eles eram "medíocres" ou "injustos". Se alguém me desse uma fechada no trânsito, minha reação era gritar: "Idiota!" Quando usamos tal linguagem, pensamos e nos comunicamos com base no que há de errado com os outros para se comportarem desta ou daquela maneira — ou, ocasionalmente, no que há de errado com nós mesmos para não compreendermos ou reagirmos do modo como gostaríamos. Nossa atenção se concentra em classificar, analisar e determinar níveis de erro, em vez de fazê-lo no que nós e os outros necessitamos e não conseguimos obter.

Assim, se a minha mulher deseja mais afeto do que eu lhe dou, ela é "carente e dependente". Mas, se quero mais atenção do que ela me dá, então ela é "indiferente e insensível". Se meu colega atenta mais aos pormenores do que eu, ele é "meticuloso e obsessivo". Por outro lado, se sou eu quem presta mais atenção aos detalhes, ele é "descuidado e desorganizado".

Estou convencido de que todas essas análises de outros seres humanos são expressões lamentáveis de nossos valores e necessidades. Lamentáveis porque, quando revelamos valores e necessidades de tal forma, reforçamos a postura defensiva e a resistência a eles nas próprias pessoas cujo comportamento nos interessa. Ou, se as pessoas concordam em agir de acordo com nossos valores porque aceitam nossa análise de que estão erradas, é provável que o façam por medo, culpa ou vergonha.[5]

Julgamento

Quando julgamos os outros, contribuímos com a violência.[34]

A **CNV nos** mostra um jeito de sermos muito sinceros, mas sem nenhuma crítica, sem nenhum insulto, sem humilhação, sem nenhum diagnóstico intelectual que sugira erro.[10]

✂

Outra forma de julgar é fazer comparações.[5]

✂

Quanto mais feio o julgamento, mais bonita a necessidade por trás dele.[16]

✂

Saiba que todos os julgamentos como "dever" e "injusto" são expressões trágicas de necessidades. Traduza "dever" e "injusto" em suas necessidades.[26]

✂

Julgar os outros contribui para profecias autorrealizáveis.[34]

✂

Se elogio ou critico o comportamento de alguém, sugiro que sou o juiz dele, que me dedico a classificá-lo ou a classificar o que ele fez.[34]

✂

Nunca questione a beleza do que você está dizendo porque alguém reage com sofrimento, julgamento, crítica. Isso significa apenas que essas pessoas não o ouviram.[34]

✂

Acredito que, sempre que influenciamos as pessoas com crítica, culpa, insultos — mesmo que elas façam o que pedimos —, isso vai nos custar muito caro.[31]

A tragédia do julgamento

)(

Quanto mais as pessoas percebem que são incriminadas e julgadas, mais defensivas e agressivas elas se tornam e menos se importarão com as necessidades dos outros no futuro.[5]

)(

Os pensamentos mais difíceis de lidar, para mim, são aqueles que já estou pensando. Então, caio com muita facilidade no mundo do julgamento. Isso dificulta a volta à vida.[27]

)(

Assim que julgamos alguém como "sexista" ou "racista", mesmo que não expressemos o julgamento em voz alta e só o façamos em pensamento, temos quase nenhum poder para conseguir aquilo de que necessitamos.[1*]

)(

Quanto mais gente andar por aí com "obrigações" na cabeça, temendo fazer as coisas erradas, se perguntando o que os outros vão pensar — como é possível celebrar a vida? Por exemplo, se você pensa que existe essa coisa de ser inteligente, como pode aproveitar a vida? Quem passa grande parte do tempo pensando no que dizer, se o que pensa e faz é burrice, não consegue aproveitar a vida.[17]

---

* Essa frase de Marshall Rosenberg destaca uma perspectiva central da CNV: a ideia de que rotular as pessoas pode criar barreiras na comunicação e diminuir a eficácia de atender a nossas necessidades. No entanto, é crucial contextualizá-la, reconhecendo que situações que envolvem racismo e sexismo são complexas e exigem uma resposta consciente. A CNV não propõe a omissão na identificação e denúncia de atitudes racistas ou sexistas. Ao contrário, encoraja a abordagem de casos de discriminação de maneira que promova conscientização e mudança. Isso inclui nomear comportamentos prejudiciais de forma explícita e direta para facilitar a compreensão e a responsabilização, sempre com o objetivo de transformar comportamentos e promover justiça, sem minimizar a experiência daqueles afetados por tais atitudes. [N. R. T.]

Quanto mais direta for a conexão entre nossos sentimentos e nossas necessidades, mais fácil vai ser para os outros responder com compaixão. Por outro lado, quando nossas necessidades forem expressas por intermédio de interpretações e julgamentos, é provável que as pessoas escutem críticas.[4]

Se você quer tornar sua vida miserável, quando alguém se comportar de um jeito que não o agrada, pense no que está errado com a pessoa para ter feito o que fez. Agora, se você quer tornar sua vida ainda mais miserável, diga à pessoa o que pensa estar errado com ela. [...] Toda crítica, toda culpa, todo diagnóstico do outro que implique erro da parte dele é um jogo perdido.[21]

Quando temos na cabeça um julgamento de que tal pessoa é rude, pagamos por isso. Se ouvimos alguém dizer que somos rudes, pagamos por isso. Estamos vivendo em um mundo de grosseria. Não é um mundo divertido. Não é um mundo natural. No mundo natural, necessidades são ou não são atendidas o tempo todo, sejam do planeta, dos seres humanos, de cachorros, gatos. É um mundo de amor. É um mundo diferente.[27]

Julgamentos úteis à vida são baseados em necessidades humanas. Se são ações úteis à vida ou não. Se estão atendendo a necessidades humanas. Precisamos fazer esse tipo de julgamento. Não conseguimos sobreviver muito tempo sem medir tudo que fazemos em termos de "isso está atendendo às nossas necessidades?" Mas isso não deve ser misturado a julgamentos que são feitos com base em justiça retributiva. Julgamentos que determinam se as

A tragédia do julgamento

pessoas merecem recompensa ou punição. Não vamos misturar julgamentos úteis à vida com esses outros.[19]

)(

Aqui, é importante não confundir *juízos de valor* com *juízos morais*. Todos fazemos juízos de valor sobre as qualidades que admiramos na vida — isto é, podemos enaltecer a sinceridade, a liberdade ou a paz. Os juízos de valor refletem o que acreditamos ser melhor para a vida. Fazemos *juízos morais* de pessoas e comportamentos que estão em desacordo com nosso juízo de valor — por exemplo, "a violência é ruim"; "as pessoas que matam são más". Se tivéssemos sido criados com uma linguagem que facilitasse expressar a compaixão, teríamos aprendido a manifestar de pronto nossas necessidades e valores, em vez de insinuarmos que algo é ou está errado quando estes não são cumpridos.[5]

)(

Ao longo dos anos, entendi que esses julgamentos dos outros que nos enfurecem não são apenas expressões alienadas de nossas necessidades; às vezes, eles me parecem expressões trágicas, suicidas de nossas necessidades. Em vez de ir ao nosso coração para fazer contato com aquilo de que precisamos e não estamos conseguindo, dirigimos a atenção para julgar o que está errado nas outras pessoas por não atender às nossas necessidades. Quando fazemos isso, talvez duas coisas aconteçam.

Primeiro, é provável que nossas necessidades não sejam atendidas, porque quando julgamos verbalmente outras pessoas como erradas de algum jeito, esses julgamentos costumam criar mais defesa que aprendizado ou conexão. No mínimo, não criam muita cooperação. Mesmo que depois de as julgarmos erradas, preguiçosas ou irresponsáveis elas façam o que gostaríamos que fizessem, vão adotar esse comportamento com uma energia pela qual vamos pagar. Vamos pagar por isso porque, quando estamos zangados por ter julgado as pessoas — e expressamos esses julgamentos a elas verbalmente ou por nosso comportamento não verbal —, elas captam que, de algum jeito, as estamos julgando erradas. Mesmo que façam o que gostaríamos que fizessem, é provável que elas sejam motivadas mais por medo de punição, medo de julgamento, culpa ou vergonha do que por compaixão diante de nossas necessidades.

Quando usamos a CNV, permanecemos sempre conscientes de que o motivo de as pessoas fazerem o que queremos que elas façam é tão importante quanto que o façam. Então, estamos conscientes de que só queremos que as pessoas façam as coisas espontaneamente, e não façam nada por pensar que serão punidas, culpadas, "acusadas" ou humilhadas se não o fizerem.[9]

)(

Com um vocabulário maior de necessidades, conseguimos entrar em contato mais facilmente com as necessidades por trás dos julgamentos que estão nos deixando com raiva. Porque, quando conseguimos expressar nossas necessidades com mais clareza, é mais provável que os outros respondam com compaixão ao que queremos.[9]

)(

Quanto mais se for levado a pensar segundo juízos morais que implicam que algo é errado ou ruim, mais se recorrerá a instâncias exteriores — as autoridades — para saber a definição de certo, errado, bom e ruim. Quando estamos em contato com nossos sentimentos e necessidades, nós, humanos, deixamos de ser bons escravos e lacaios.[5]

A tragédia do julgamento

Crítica

A crítica nunca é sincera.[26]

)(

Quanto mais usamos palavras que de alguma maneira sugerem crítica, mais difícil é para as pessoas permanecerem conectadas com a beleza dentro de nós.[34]

)(

Quando as pessoas não se sentem criticadas, não precisam usar toda sua energia para se defender. Podem começar a procurar outra opção.[10]

)(

Não existe crítica. O que ouvimos como crítica é uma expressão dolorosa de um *por favor*.[22]

)(

Não existe crítica. Se você é uma girafa, não há crítica; ela não existe. Você tem conhecimento de que o que antes via como crítica, quando usava orelhas de chacal, agora vê como a expressão suicida, trágica de uma necessidade não atendida. Isso é tudo que você escuta: uma necessidade expressa de uma maneira que dificilmente será atendida por alguém que não use orelhas de girafa.[22]

)(

De fato, quando usamos orelhas de girafa, nunca tememos o que alguém pensa sobre nós. Você vai viver por mais tempo — vai gostar mais dos seres humanos — se nunca ouvir o que eles pensam sobre você. Não, não ouvimos o que eles pensam.[21]

Na linguagem da girafa, não há apenas ausência de crítica, mas também de coerção.[23]

Pagamos caro por cada crítica que as pessoas recebem de nós. Pagamos caro cada vez que as culpamos. Se percebêssemos quanto pagamos, nunca usaríamos crítica ou culpa — nunca.[21]

Acho que quando a pessoa está dizendo alguma coisa que costumávamos ouvir como ataque, crítica, diagnóstico, análise psicológica ou sugestão de erro, acredito que a verdade é que ela tem uma necessidade não atendida e está sofrendo. E ouvir a verdade vai nos libertar de todo tipo de dano autoinfligido que vem de sempre ouvir críticas.[27]

Se uso orelhas de girafa, não consigo ouvir crítica ou elogio. Ouço apenas a verdade.[26]

Julgamentos positivos

Cumprimentos e elogios são, por sua vez, expressões trágicas de necessidades atendidas.[34]

O pior de todos os perigos sobre cumprimentos e elogios é que o outro acredite neles. E é tão desumanizador acreditar que você é uma pessoa legal quanto acreditar que é um rato. Os dois o reduzem a uma coisa, como qualquer elogio é reduzir o outro a uma coisa. [...] Eles ainda são parte do jogo do chacal. Julgamen-

A tragédia do julgamento

tos positivos ainda são um indivíduo fazendo julgamentos sobre o outro.[17]

)(

O jogo de elogios e cumprimentos é basicamente o mesmo jogo de crítica e culpa. Essa é uma linguagem que começou muitos séculos atrás, quando decidimos ter estruturas de dominação nos governando. Nas quais algumas pessoas são chamadas de superiores, e outras de inferiores. E, nas sociedades que pensam dessa maneira, os superiores [...] têm o direito de usar punição e recompensa para manter o controle.[21]

)(

Na comunicação não violenta, sugerimos não oferecer cumprimentos nem elogios. Na minha opinião, dizer que alguém fez um bom trabalho, ou que é gentil ou competente [...] ainda é usar julgamentos moralistas. Ainda é criar um mundo diferente daquele de que Rumi fala quando diz que existe um lugar além do certo e do errado. Quando usamos palavras de julgamento para elogiar e enaltecer, essa é a mesma *forma* de linguagem usada para dizer que alguém é desagradável, burro ou egoísta.

Consideramos que julgamentos positivos são tão desumanizantes quanto os negativos. Também entendemos quanto é destrutivo oferecer *feedback* positivo como recompensa. Não desumanize as pessoas elogiando-as ou enaltecendo-as.[8]

5

O poder da linguagem

Linguagem e violência

Nossa linguagem foi criada para nos ensinar a ser obedientes perante a autoridade. Então, é um grande salto sair daquela linguagem para uma que [...] concentre a atenção na beleza da vida a cada momento.[16]

)(

Quase todos nós crescemos usando uma linguagem que, em vez de nos encorajar a perceber o que estamos sentindo e de que precisamos, nos estimula a rotular, exigir e criticar.[5]

)(

É comum que o uso de uma linguagem vaga e confusa mascare esse tipo de jogo interpessoal de opressão.[5]

)(

É típico do seres humanos que, quando mais precisamos ser compreendidos, nos comunicamos de um jeito que dificulta que o outro nos compreenda.[30]

✂

Embora possamos não considerar nossa forma de falar "violenta", nossas palavras frequentemente causam dor e mágoa, tanto para os outros quanto para nós mesmos.[34]

✂

As perguntas com *por que* são as formas mais violentas de comunicação que já desenvolvemos. [...] As perguntas com *por que* costumam ser feitas por professores, pais, gerentes e chefes envolvidos em uma missão de encontrar culpa: se você dá a resposta errada para a pergunta com *por que*, é punido. É que eles estão procurando provas para decidir se você merece ou não sofrer pelo que fez. Esse é o sistema de justiça do chacal; é chamada de justiça retributiva.[12]

✂

Na CNV, todos os xingamentos são expressões trágicas de necessidades não atendidas. Quando é xingado, um adepto da CNV se pergunta: "O que essa pessoa quer e não está conseguindo obter?" Tragicamente, elas não conhecem outra maneira de expressar a necessidade, exceto usando adjetivos.[1]

✂

A primeira coisa no tipo de escola cuja criação estamos tentando apoiar em nossa rede — às vezes as chamamos de escolas girafa, escolas úteis à vida [...] — é [que] todas as pessoas — pais, professores, alunos — falem a linguagem da comunicação não violenta. Todos sejam treinados nela. Saiba que temos um alarme na porta,

O poder da linguagem

um detector pelo qual todos os professores têm que passar quando entram.

Nenhum professor é admitido se tiver na consciência as seguintes palavras: *certo, errado, correto, incorreto, aprende devagar, aprende depressa, emocionalmente perturbado, normal.* Nenhum professor com essas palavras violentas na cabeça é admitido.[18]

✕

Vivemos há muito tempo sob uma mitologia destrutiva, e essa mitologia destrutiva requer uma certa linguagem. Ela requer uma linguagem que desumaniza as pessoas, as transforma em objetos. Então aprendemos a pensar com base em julgamentos moralistas que fazemos uns dos outros. Temos na consciência palavras como *certo, errado, bom, mau, egoísta, altruísta, terroristas, guerrilheiros.* E relacionadas a elas existe o conceito de justiça baseada em *merecimento*: se você faz uma dessas coisas más, merece ser punido; se faz as coisas boas, merece ser recompensado. Infelizmente, durante cerca de 8 mil anos, fomos submetidos a essa consciência.

Acho que essa é a essência da violência no nosso planeta: educação defeituosa. O processo da comunicação não violenta é uma integração de pensamento, linguagem e comunicação que acredito nos trazer para mais perto da nossa natureza. Ele ajuda a nos conectarmos contribuindo com o bem-estar um do outro.[6]

O perigo das palavras

Nunca se coloque em nenhuma caixa com o verbo *ser*. É muito limitador para o ser humano pensar no que ele é. Por exemplo, alguém me pergunta: "E aí, você é homem ou mulher?" Eu respondo: "Um pouco de cada, nenhum dos dois, tudo isso e mais um pouco, é claro". "Você é burro ou inteligente?" "Um pouco de cada, nenhum dos dois, tudo isso e mais um pouco, é claro".[12]

A essência da comunicação não violenta segundo Marshall B. Rosenberg

)(

Até entender que o mapa não é o território, você não tem consciência do perigo das palavras. Elas nunca são aquilo que descrevem. É tão óbvio, por um lado, mas não percebemos realmente o significado que atribuímos ao fenômeno pelas palavras que usamos a fim de descrevê-lo.[16]

)(

Acredito que nos ensinaram uma linguagem suicida — quando mais precisamos de empatia, mais nos comunicamos de um jeito que impede que as pessoas sejam empáticas. E se isso não é uma linguagem suicida, o que é? Quando mais precisamos de segurança, pensamos que algumas pessoas são terroristas. Quando mais precisamos de apoio, dizemos à pessoa que ela é preguiçosa. Quando mais precisamos de amor e conexão, dizemos: "Você é insensível às minhas necessidades". Que linguagem trágica, suicida nos ensinaram.[12]

)(

Na CNV, todos os xingamentos são expressões trágicas de necessidades não atendidas. Um adepto da CNV sabe que não existem coisas como *normal, anormal, certo, errado, bom ou mau*. Sabe que tudo isso é produto de uma linguagem que treinava as pessoas para viverem sob um rei. Se você quer treinar as pessoas para serem dóceis com uma autoridade, se encaixarem em estruturas hierárquicas de um jeito subserviente, é muito importante levá-las para dentro da própria cabeça e induzi-las a pensar no que é "certo", no que é "normal", no que é "apropriado", e dar a uma autoridade no topo aquele poder que define o que é tudo isso.[1]

)(

O poder da linguagem

E então, junto com os julgamentos moralistas, você precisa de uma linguagem que obscureça a escolha. Palavras que sugiram que não temos escolha além de fazer o que a autoridade diz que é certo. Palavras como *tem que, deve, precisa, não pode, deveria*. E depois você precisa de um conceito muito importante se quiser manter uma estrutura de dominação como a do nosso sistema judicial e econômico: o conceito de merecimento ou valor. Para manter as estruturas de dominação, é fundamental fazer as pessoas acreditarem que certos comportamentos merecem recompensa e certos comportamentos merecem punição.[3]

><

Há dois tipos de dor: aquela que vem de apenas estar vivo e chorar uma perda, e a dor que vem do tipo de pensamento de *dever*. "Isso não deveria ter acontecido comigo, não é justo..." E esse é o tipo de dor que afirmo que não precisamos ter.[13]

Rotular

Ouvi muita gente dizer em voz alta: "Sou codependente, "Sou alcoólico", e se sentirem muito melhor, porque isso é de fato melhor do que dizer a si mesmas: "Sou uma merda total". Então, agora elas têm algo que as faz sentir menos mal em relação a si próprias. Mas isso me preocupa, porque leva a rótulos e classificação. É linguagem estática, sabe? E eu me preocupo com linguagem estática. Por isso, gostaria muito de que os pontos fortes do Alcoólicos Anônimos e do programa de codependência fossem mantidos — e isso é empatia pelo que eles estão fazendo. É que aqueles que participam desses programas recebem grande empatia de pessoas que entendem por que elas estão fazendo o que estão fazendo. Eu só queria que fôssemos capazes de extrair a força disso sem rotular os indivíduos.[14]

Assim que penso no que tal pessoa *é*, isso diminui minha capacidade de simplesmente me conectar com o que ela está sentindo e necessitando. Isso requer que eu não traga nenhum rótulo, nenhum diagnóstico para o momento. Cada momento deve ser como um bebê recém-nascido que nunca existiu nem voltará a existir. E, assim, os rótulos que prendo na cabeça sobre o que essa pessoa *é* afetam minha capacidade de ouvir. E levam, na verdade, a profecias autorrealizadoras.[14]

Acho que nem mesmo é necessário que eu profira o rótulo em voz alta — se penso que a pessoa está se comportando de um jeito passivo-agressivo, por exemplo, não preciso dizer: "Acho que você está se comportando de um jeito passivo-agressivo". Quando pensamos dessa maneira, temos olhos de chacal. Quando estamos dentro da nossa cabeça analisando as pessoas, temos uma atitude diferente de quando estamos tentando nos conectar por inteiro com o que elas estão dizendo.[14]

Esses rótulos de [...] *certo/errado, bom/mau, normal/anormal* [...] qualquer tipo de rótulo que seja estático sobre um ser humano está deixando de ver o ser humano. Porque seres humanos mudam de um momento para outro. Portanto, se queremos entender os seres humanos, precisamos de uma linguagem processual, não de linguagem estática.[14]

Infelizmente, a linguagem que aprendemos nos ensinou a julgar nossas atitudes e as dos outros com base em categorias moralistas como *certo/errado, correto/incorreto, bom/mau, normal/anormal, apropriado/inapropriado.* Além disso, nos ensinaram a acreditar que pessoas em posição de autoridade sabem qual desses julgamentos se adapta melhor a determinada situação. Se usamos o rótulo *professor* ou *diretor,* pensamos que devemos saber o que é melhor para aqueles que supervisionamos, e rotulamos rapidamente os que não acatam nossas decisões como *não cooperativos, disruptivos* ou até *emocionalmente perturbados.* Ao mesmo tempo, se nossos esforços fracassam, nos chamamos de *ineficientes.* O fato de termos sido educados para usar a linguagem dessa maneira contribui para a subserviência à autoridade, e os sistemas de dominação dependem disso.[4]

>(

Rotular e diagnosticar são maneiras catastróficas de se comunicar. Dizer às outras pessoas o que está errado nelas praticamente elimina a probabilidade de conseguirmos aquilo que queremos.[34]

Causas da violência

A violência acontece em razão de como fomos educados, não de nossa natureza.[8]

>(

Quanto mais empatizamos com a dor que leva à violência, menor é a probabilidade de violência.[14]

>(

Como acontece toda violência? Bem, nós somos educados assim. Esse é o problema. Somos educados de uma forma que nos desconecta do doce fluxo da vida.[19]

A essência da comunicação não violenta segundo Marshall B. Rosenberg

)(

Tudo que você precisa fazer para ensinar um comportamento maldoso às pessoas é ensinar a elas uma linguagem que chamo de "chacal". Ensinar a elas que existe um jeito certo e um jeito errado de fazer tudo. E então, se quiser torná-las realmente violentas, ensine a elas o conceito de justiça retributiva, que é baseado na palavra assassina *merece*. Ensine às pessoas que, se você é julgado como mau, você merece sofrer.[19]

)(

Outra forma de violência: qualquer tentativa de obrigar as pessoas a fazerem coisas por vergonha. [...] Implica usar rótulos de forma que, se elas não fazem o que você quer, recebem rótulos como *preguiçosa, sem consideração* ou *ignorante*. Qualquer rótulo que sugira erro é um ato violento. É tentar induzir o indivíduo a fazer as coisas por vergonha.[10]

)(

E talvez a pior violência que possamos praticar no papel de educadores — de acordo com meus valores — é a violência do "*Amtssprache*", que em tradução livre significa "*conversa de escritório*", ou "*burocratês*". Por que uso esse termo? Tomo-o emprestado do criminoso de guerra nazista Adolph Eichmann. Em seu julgamento por crimes de guerra em Jerusalém, perguntaram a ele: "Foi difícil para você enviar dezenas de milhares de pessoas para a morte?" Eichmann respondeu: "Para dizer a verdade, foi fácil. Nossa linguagem facilitou". A resposta chocou o interrogador, que retrucou: "Que linguagem?" Eichmann explicou: "Meus colegas oficiais nazistas e eu tínhamos um nome para nossa linguagem. Nós a chamamos de '*Amtssprache*'" É uma linguagem em que você nega a responsabilidade por seus atos. Então, se alguém pergunta por que você fez o que fez, você responde: "Tive que fazer". "Por que teve que fazer?" "Ordens superiores. Política da empresa. É a lei." Então aqui temos o *Amtssprache* clássico, as palavras mais perigosas do nosso idioma: *tenho que, não posso.* E agora vêm algumas palavras vulgares. Se você não gosta de vulgaridade, tampe os ouvidos: *deve, precisa, tem que.*[10]

❮❮

A violência surge quando alguém se convence de que sua dor deriva de outras pessoas e que, consequentemente, essas pessoas merecem ser punidas.[34]

❮❮

Considero que toda raiva resulta de um pensamento alienado que provoca violência. No âmago de toda raiva há uma necessidade não satisfeita.[5]

❮❮

Duas coisas distinguem atitudes realmente não violentas de atitudes violentas. Primeiro, não há inimigo do ponto de vista não violento. Você não vê um inimigo. Seu pensamento é claramente direcionado para a proteção de suas necessidades. Segundo, sua intenção não é fazer o outro lado sofrer.[34]

❮❮

Então, se você quer perturbar a paz e tornar sua vida miserável, pense no que há de errado com os outros quando se comportam de uma maneira de que você não gosta. Use palavras que soem como crítica. Quer tornar sua vida ainda mais infeliz? Pense no que há de errado com você. Mas se quer realmente ficar deprimido, imagine o que as pessoas pensam de você. Quer perturbar ainda mais a paz e sentir-se ainda mais miserável? Compare-se com os outros.[29]

"**Você é isso,** você é aquilo." Quem quer ouvir isso? Rapaz, isso complica gostar de estar perto das pessoas. Então não, nunca entramos nesse sótão. Lá tem teias de aranha [...] ratos mortos. É sério, é horrível lá em cima! E por que ir a um lugar horrível se quando vemos a verdade tudo é tão bonito? Para mim, a verdade são os sentimentos e as necessidades. Vá ao coração da pessoa.[14]

※

Crítica, culpa, elogios e cumprimentos compõem o pensamento que considero uma contribuição para a violência no nosso planeta. E punição e recompensa derivam desse tipo de pensamento. Por isso temos um sistema judiciário tão catastrófico. Nosso sistema judiciário, chamado de justiça retributiva, é só [...] culpa e punição.[21]

※

Toda vez que pensamos no que "somos", nos colocamos em um caixão. Isso é pensamento estático. No entanto, a vida é um processo.[30]

※

Precisamos pensar de um jeito que nos mantenha conectados com a vida a cada instante. Toda vez que pensamos no que "somos", nos desconectamos da vida. No momento em que estou tentando pensar em que tipo de pessoa sou, estou morto.[30]

Não use o "deve" com você mesmo (nem com os outros)

Existe em nosso vocabulário uma palavra com enorme poder de envergonhar e gerar culpa. Essa palavra violenta, comum nas au-

O poder da linguagem

tocríticas, está tão arraigada na consciência que muitos sentiriam dificuldade de imaginar-se sem ela. É a palavra *deveria*, usada em frases como "eu deveria ter previsto" ou "eu deveria ter feito aquilo". Na maioria das vezes em que usamos essa palavra, resistimos ao aprendizado, pois *deveria* implica não haver opção. Ao ouvirem qualquer exigência, as pessoas tendem a resistir a ela, por entenderem ser uma ameaça à autonomia — nossa forte necessidade de escolha. Temos essa reação à tirania mesmo que se trate de tirania interior, na forma de um *deveria*.[5]

)(

A palavra *deveria* vem diretamente desse jogo de violência que sugere que existe um bom e um mau, um *deveria* e um *não deveria*. Se você não faz as coisas que deveria fazer, deve ser punido; se faz as coisas certas, deve ser recompensado. Isso cria um enorme sofrimento.[8]

)(

Você já ouviu um adulto dizer: "Eu não deveria fumar, eu deveria parar de fumar, eu deveria emagrecer". O que eles fazem? Resistem a isso. Não nascemos para ser escravos. *Deveria* é uma linguagem de escravidão. Os seres humanos resistem aos *deveria*.[10]

)(

Sempre que ouço um "deveria" de dentro ou de fora, perco toda a alegria de fazer. Portanto, tento nunca fazer nada que deveria fazer. [...] Faça aquilo que vem da energia de como tornar o mundo divertido e inteligível. Só o que vem dessa energia.[18]

)(

Se fazemos algo motivados por coerção, todo mundo paga por isso. A menos que seja divertido, não faça. E, mesmo que seja lim-

A essência da comunicação não violenta segundo Marshall B. Rosenberg

par o chão ou o banheiro, vai ser divertido se não houver aspectos coercivos e se entendermos como isso enriquece a vida. Mas basta dizer a si mesmo "Eu deveria fazer isso" e você não vai fazer. Ou vai odiar fazer. Não faça nada que deveria, teria que, precisaria. Não faça se não for divertido. E vai ser divertido se for útil à vida, e se você compreender como é útil à vida. Vai ser divertido mesmo que envolva trabalho pesado.[10]

)(

Para auxiliar as pessoas a superarem o sofrimento do *deveria*, começamos as ajudando a tomar consciência de seu pensamento. Depois mostramos que esse pensamento é uma expressão trágica de uma necessidade não atendida. Isso significa que você não atendeu a uma necessidade sua fazendo o que fez, e se conseguir identificar a necessidade que não foi atendida, é mais provável que aprenda com ela, porque vai começar a imaginar como poderia tê-la atendido sem perder o autorrespeito. Depois, ajudamos a identificar a linguagem brutal que está usando para se culpar, e em seguida ensinamos a traduzir essa linguagem para a linguagem da *necessidade*.

Nesse ponto, mostramos às pessoas como se conectar com empatia ao que estava vivo nelas quando tiveram o comportamento que chamaram de erro. Em outras palavras, esclarecemos a que necessidade estavam tentando atender ao agir daquela forma.[8]

)(

Não fomos feitos para sucumbir às ordens do *deveria* e *tenho que*, venham elas de fora ou de dentro de nós. E, se cedemos e nos submetemos a essas ordens, nossas atitudes se originam de uma energia destituída da alegria de viver.[5]

)(

O poder da linguagem

Evite o "deveria" para si e para os outros![34]

)(

Enquanto eu pensar que "deveria" fazer alguma coisa, vou resistir, mesmo que queira muito fazer isso.[34]

)(

O mais perigoso de todos os comportamentos pode ser o de fazer coisas "porque temos que fazer".[34]

Parte III

As duas partes da CNV: empatia e expressão

"Defino empatia como nossa conexão com o que está vivo nessa pessoa neste momento."[25]

6

O dom da empatia

Empatia

Empatia é onde está nossa atenção, nossa consciência; não é o que dizemos em voz alta. [...] Defino empatia como nossa conexão com o que está vivo nessa pessoa neste momento.[25]

)(

Defino o processo de empatia como algo semelhante ao processo de traduzir uma língua estrangeira para o próprio idioma. Na tradução, o objetivo é entender o significado exato da mensagem original e depois traduzi-lo em termos mais conhecidos. Da mesma maneira, ao oferecer empatia, o objetivo é traduzir a mensagem expressa em sentimentos e necessidades.[4]

)(

Para a outra metade da comunicação não violenta [...] precisamos colocar orelhas de girafa e aprender a ouvir qualquer mensagem que volta para nós como expressão dos sentimentos e das necessidades do outro. Qualquer mensagem. Então, se a pessoa fica em silêncio, não ouvimos o silêncio. Com orelhas de girafa, ouvimos o que ela pode estar sentindo e necessitando por trás do silêncio. Se ela diz não, não ouvimos. O que ouvimos são seus sentimentos e necessidades. Temos que supor. Mas supomos de maneira *humana*. Isso é o que a comunicação não violenta nos ensina a fazer. Não importa a mensagem que chega até nós, supomos o que essa pessoa pode estar sentindo e necessitando.[10]

><

Empatia é a compreensão respeitosa daquilo por que os outros estão passando.[5]

><

Fomos educados para pensar que há algo de errado em nós. Quero sugerir que você nunca, nunca, nunca ouça o que os outros pensam sobre você. Prevejo que vai ter uma vida mais longa e vai gostar mais dela se nunca ouvir o que os outros pensam sobre você. Nunca tome isso como pessoal. A recomendação que dou é: aprenda a conectar-se com empatia a cada mensagem que chega. E a comunicação não violenta nos mostra um jeito para que isso aconteça. Ela nos mostra uma maneira de ver a beleza no outro em qualquer momento, independentemente de seu comportamento ou de sua linguagem. Para isso, o requisito é conectar-se com os sentimentos e as necessidades dela neste momento, com o que está vivo nela. E, quando fazemos isso, nós a ouvimos cantando uma música extremamente bonita.[6]

><

Se você aprender a se conectar empaticamente com outras pessoas, vai ouvir que elas estão *sempre* cantando uma bela canção.

Estão pedindo para você ver as belas necessidades que estão vivas nelas [...] é isso que você vai ouvir por trás de cada mensagem que chega de outro ser humano se se conectar com a energia divina da pessoa neste momento.[8]

✵

Muitas vezes, em vez de oferecer empatia, temos um forte impulso de dar conselhos ou tranquilizar, e de explicar nossa posição ou o que sentimos.[34]

✵

Meus filhos me ensinaram algo importante sobre conselhos. Quando se trata dos seus filhos, nunca dê conselhos, a menos que receba uma solicitação por escrito assinada por um advogado. Se for um dos meus filhos, preciso realmente verificar três vezes se ele quer o conselho, porque minha primeira reação é pular a empatia e ir direto para o conselho.[18]

✵

A girafa nunca tenta resolver o sofrimento alheio sem uma espera de seis horas, que dá à pessoa todo o tempo de que ela precisa para entender completamente o próprio sofrimento antes de você tentar resolvê-lo.[22]

✵

A capacidade de oferecer empatia pode nos permitir permanecer vulneráveis, dissipar uma possível violência, nos ajudar a ouvir a palavra *não* sem tomá-la como rejeição, reviver conversas sem vida e até ouvir sentimentos e necessidades expressados pelo silêncio.[34]

✵

A empatia nos permite "reperceber" nosso mundo de um jeito novo e seguir adiante.[34]

><

Tenho testemunhado diversas vezes que as pessoas transcendem os efeitos paralisantes da dor psicológica quando têm contato suficiente com alguém que as escute com empatia. Como ouvintes, não precisamos compreender a dinâmica psicológica nem ter formação em psicoterapia. O essencial é nossa capacidade de estarmos presentes ao que realmente ocorre dentro da outra pessoa — aos sentimentos e necessidades únicos que ela está vivendo naquele exato momento.[5]

><

O que importa é a intenção — não é supor corretamente, mas estar sinceramente interessado em se conectar com as necessidades da pessoa.[22]

><

As pessoas em sofrimento em geral não têm consciência do que querem. Começo presumindo que elas desejam empatia. Mas de que forma? Silenciosa? Algumas querem apenas que eu [...] esteja ali e não diga nada por um tempo. Tento supor de que forma de empatia elas gostariam. Neste momento, a querem na forma verbal ou silenciosa?[18]

><

Às vezes, a empatia pode ser comunicada de forma não verbal, e isso demanda a reflexão não verbal. Quando estamos integralmente presentes ao que é vivo nos outros, temos uma expressão diferente de quando os estamos analisando com o intelecto, ou pensando no que vamos dizer em seguida. Seja qual for a forma de

O dom da empatia

expressão da empatia, ela toca uma necessidade muito profunda nos seres humanos: a de sentir que alguém pode ouvi-lo de verdade, e ouvi-lo sem julgar.[4]

⟩⟨

Não existem regras infalíveis para os momentos em que se deve parafrasear, mas, de modo geral, é correto presumir que as pessoas que transmitem mensagens com forte carga emocional querem que se repita o que disseram. Quando falamos, podemos facilitar as coisas para os interlocutores se expressarmos claramente quando queremos ou não que confirmem o que nos ouviram dizer.[5]

⟩⟨

Para ter empatia, não precisamos saber nada sobre o passado. Só precisamos nos conectar com o que está vivo na pessoa agora, como consequência do que aconteceu no passado. Poderíamos supor. Mas empatia é se conectar com o que está vivo agora.[19]

⟩⟨

Se estamos tentando sinceramente nos conectar com a energia divina em outro ser humano [...] isso mostra a ele que, independentemente de como se comunica conosco, nos importamos com o que está vivo nele. Quando ele confia nisso, estamos a caminho de uma conexão em que as necessidades de todos podem ser atendidas.[8]

⟩⟨

Com orelhas de girafa, somos capazes de ouvir coisas diferentes, mas se estamos mesmo tentando ouvir o que a pessoa está sentindo, demonstramos isso com os olhos. Temos olhares diferentes quando estamos fazendo uma tentativa sincera de conexão com o que está vivo em alguém e quando estamos ouvindo ou fazendo uma crítica.[26]

Quando estamos de fato conectados com as necessidades dos outros — no ponto em que entendemos suas necessidades —, não estamos em contato com nenhum sentimento dentro de nós, porque toda nossa atenção está no outro.[9]

Então, quaisquer palavras que eu use não são tão importantes quanto onde estou conectado. As palavras não são empatia. A conexão é a empatia. Quando essa pessoa sente que estou conectado [...] isso é empatia. Não quando penso que estou oferecendo empatia. [...] Vou usar todas as palavras que me levem até lá.[25]

Nunca temos os mesmos sentimentos que as outras pessoas, porque o sentimento é único de cada momento. Então, a empatia requer que vejamos os sentimentos das pessoas neste momento como um bebê recém-nascido. Nunca existiu antes e nunca mais vai existir. Nunca tive o sentimento que essa pessoa sente neste momento. Tive sentimentos que, no nível intelectual, posso identificar como próximos dele, mas nunca senti o que essa pessoa está sentindo. Só ela sentiu.[18]

Com essas orelhas [de girafa], você não pode ouvir o silêncio. Se a pessoa só olha para o chão, e você usa essas orelhas, essa é uma mensagem muito eloquente. Você ouve o que ela está sentindo, que necessidades estão criando seus sentimentos.[21]

Uma das mensagens mais difíceis diante da qual sentir empatia é o silêncio. Isso é verdade principalmente quando nos mostramos vulneráveis e precisamos saber como os outros estão reagindo ao que dizemos. Nessas ocasiões, é fácil projetarmos o maior dos medos na falta de resposta e nos esquecermos de atentar para os sentimentos e as necessidades expressos por meio do silêncio.[5]

✕

Tento nunca conectar, nem mesmo verbalmente, a dor da pessoa a forças alheias a ela. Eu imediatamente conecto a dor a uma necessidade.[25]

✕

Talvez fiquemos na defensiva ou nos justificando em vez de termos empatia pelos que identificamos como nossos "superiores".[5]

✕

A regra número um do nosso treinamento é empatia antes da educação.[34]

✕

Quanto mais o comportamento do outro está em desarmonia com minhas necessidades, quanto mais empatizo com ele e suas necessidades, maior é a probabilidade de eu ter minhas necessidades atendidas.[34]

✕

A melhor maneira de ser compreendido por outras pessoas é também dar compreensão a elas. Se quero que elas escutem minhas necessidades e meus sentimentos, primeiro preciso ter empatia por elas.[34]

✕

Se pergunto à pessoa algo sobre o que ela acabou de dizer, e ouço que "essa é uma pergunta idiota", eu a escuto expressando uma necessidade na forma de julgamento sobre mim, e passo a tentar deduzir que necessidade pode ser essa.[31]

)(

Quanto mais nos ligamos aos sentimentos e às necessidades ocultas nas palavras das pessoas, torna-se menos assustador nos abrirmos para elas.[5]

)(

Precisamos de empatia para dar empatia.[5]

)(

É impossível dar algo a alguém se nós mesmos não o temos. Do mesmo modo, se não temos capacidade ou disposição de oferecer empatia, apesar de nos esforçarmos, isso em geral significa que estamos carentes demais de empatia para oferecê-la aos outros.[5]

)(

É realmente muito útil, para mim, fazer parte de uma comunidade girafa de pessoas a quem posso recorrer quando fico estagnado e não estou em contato com o que está acontecendo em mim que está me impedindo de conseguir me ligar à outra pessoa.[22]

)(

Quando nos vemos na defensiva ou não conseguimos mostrar empatia, precisamos (1) parar, respirar, sentir empatia por nós mesmos; (2) gritar sem violência; ou (3) fazer um intervalo.[5]

)(

Não tente ter empatia por alguém antes de chegar ao ponto do autoperdão.[18]

)(

Todos nós precisamos de empatia diariamente, e podemos dá-la a nós mesmos, mas [...] acho que quando recebemos empatia de outras pessoas, isso é muito potente.[19]

)(

É uma experiência comovente receber uma prova concreta de que alguém está ligado a nós com empatia.[5]

)(

Acho que todos nós precisamos de uma equipe de empatia.[19]

)(

Empatia é como surfar uma onda; tem que ver com entrar em contato com uma certa energia. Mas essa é uma energia divina que está viva em todo mundo, a todo momento.[8]

O poder da presença

A empatia reside na nossa capacidade de estar presentes sem opinar.[34]

)(

O que significa empatia? Empatia é, sobretudo, presença. Presença. Martin Buber a descreve como o presente mais precioso que um ser humano pode dar a outro. Nossa presença. Porque significa que não trazemos nada do passado para este momento. Significa que todas as imagens anteriores que tínhamos dessa pessoa,

A essência da comunicação não violenta segundo Marshall B. Rosenberg

todo o nosso treinamento psicológico, tudo isso deve ser deixado de fora. Estar presente, ver o que está vivo nessa pessoa neste momento, livre de qualquer coisa que trazemos do passado.[26]

A **empatia pelos** outros ocorre apenas quando nos livramos de ideias preconcebidas e julgamentos a respeito deles.[5]

Um componente da empatia é estar plenamente presente para o que o outro sente e para o que ele necessita no momento, e não perder isso em meio a um nevoeiro de diagnósticos ou interpretações. Isso requer que a mente não vagueie pelos caminhos da análise enquanto parecemos ouvir aquele que está diante de nós.[4]

Podemos estar presentes para muitas coisas. Então, para que estamos presentes? Na empatia, estamos presentes para o que está vivo na pessoa neste momento. E a melhor maneira de fazer isso é conectar-se com o que ela está sentindo e com o que necessita.[26]

Acima de tudo, a empatia necessita dessa presença — presença plena ao que está vivo no outro neste momento. Em seguida, a empatia requer foco no que está vivo nele agora, o que significa, para mim, o que ele está sentindo neste momento e o que necessita. Isso é o mais próximo que conheço de entrar em contato com o que está vivo em alguém.[18]

O primeiro passo para a conexão empática é o que Buber chama de o presente mais precioso que um ser humano pode dar a outro:

presença. [...] Esse é um presente difícil de dar, porque significa que não posso trazer nada do passado. Até mesmo um diagnóstico que fiz dessa pessoa no passado vai atrapalhar a empatia.[2]

�ం

Essa presença plena também requer limpar a consciência de quaisquer ideias preconcebidas ou julgamentos que possamos ter em relação à pessoa que está falando. Não quero que isso dê a impressão de que estou defendendo a supressão ou repressão dos sentimentos. É mais uma questão de estar tão concentrado nos sentimentos de quem fala que nossas reações não interferem.[4]

✻

Com a empatia, nós não dirigimos, seguimos. Não *faça* alguma coisa, só esteja ali. Sua presença é o presente mais precioso que você pode dar a outro ser humano.[10]

✻

Se estamos tentando entender mentalmente a outra pessoa, não estamos presentes com ela neste momento.[8]

✻

Às vezes, o que a pessoa está sentindo e o que ela necessita é bem óbvio; não precisamos dizer. Ela vai sentir em nosso olhar se estamos de fato tentando nos conectar com ela. Perceba que isso não exige que concordemos com ela. Não significa que temos que gostar do que ela está dizendo, mas que damos a ela esse presente precioso de nossa presença, de estar presentes neste momento para o que está vivo nela e estarmos interessados nisso, sinceramente interessados. Não como uma técnica psicológica, mas porque queremos nos ligar com a energia divina dessa pessoa neste momento.[6]

Não é fácil manter a presença que a empatia exige. [...] Em vez de mostrar empatia, tendemos a aconselhar, encorajar e explicar nossa posição ou sentimento pessoal. A empatia, por outro lado, exige que se concentre plenamente a atenção na mensagem que vem do outro. Damos a ele o tempo e o espaço que necessita para expressar-se por completo e sentir-se compreendido.[5]

⋊⋉

A crença de que temos de "consertar" situações e fazer que os outros se sintam melhor nos impede de estar presentes.[5]

⋊⋉

A formação clínica em psicanálise tem uma falha. Ela nos ensina a sentar e pensar no que a pessoa está dizendo e interpretar isso intelectualmente, mas não a estar presentes de forma plena.[34]

⋊⋉

O filósofo e psicoterapeuta israelense Martin Buber diz que presença é o presente mais precioso que podemos dar a outrem. Um presente poderoso e um presente precioso. Quando damos esse presente aos outros — esse presente da nossa presença —, esse é um grande componente de cura.[31]

Empatia *versus* simpatia

Com a empatia, estou plenamente com os outros, e não pleno deles — isso é simpatia.[34]

⋊⋉

O dom da empatia

O ingrediente fundamental da empatia é presença: estamos totalmente presentes diante da outra parte e daquilo por que ela passa. Essa característica da presença é a diferença entre a empatia e a compreensão mental ou simpatia. Embora às vezes optemos por simpatizar com os outros ao sentir o sentimento deles, vale a pena ter consciência de que no momento em que oferecemos simpatia não estamos empatizando.[5]

⋊

A conexão empática é um entendimento do coração em que vemos a beleza na pessoa, a energia divina nela, a vida que está viva nela. Nós nos conectamos com isso. O objetivo não é entender intelectualmente, mas conectar-se de maneira empática. Não significa que precisamos experimentar os mesmos sentimentos que essa pessoa. Isso é simpatia, quando ficamos tristes porque ela está chateada. Não significa que precisamos ter os mesmos sentimentos; significa que estamos *com* ela. Essa capacidade de compreensão requer um dos presentes mais preciosos que um ser humano pode dar ao outro: nossa presença no momento.[8]

⋊

Simpatia, empatia — vamos esclarecer a diferença. Se tenho sentimentos fortes em mim, apenas ter consciência deles é simpatia, não empatia. [...] Você se lembra quando teve uma dor no corpo, talvez uma dor de cabeça ou uma dor de dente, e começou a ler um bom livro? O que aconteceu com a dor? Você não teve consciência dela. Estava lá, a condição física não havia mudado, mas você não estava em casa. Estava fora fazendo visita: isso é empatia. Você estava visitando o livro.

Com a empatia, estamos com a outra pessoa. Isso não significa que sentimos os sentimentos dela. Estamos com ela enquanto ela sente seus sentimentos. Mas se afasto a minha mente da pessoa por um segundo, posso notar que tenho sentimentos fortes. Nesse caso, não tento sufocar meus sentimentos. Eles me dizem que não estou com a pessoa. Estou em casa de novo. Então, digo a mim mesmo: "Volte para ela".

Porém, se minha dor é muito grande, não consigo ter empatia. Então posso dizer: "Sinto tanta dor no momento, escutando algumas coisas que você disse, que não consigo ouvir. Podemos me dar alguns instantes para lidar com isso, para que eu possa voltar a ouvir você?"

É importante não misturar empatia e simpatia, porque quando a pessoa está sofrendo e eu digo, "Ah, entendo como você se sente e fico muito triste por isso", desvio o fluxo dela — trago a atenção dela para mim.[2]

><

No momento em que dizemos a alguém: "Fico triste por saber que você está sofrendo tanto", não criamos uma conexão empática com a sua dor. Expressamos a dor que sentimos, a qual foi estimulada pela dor do outro. Isso é simpatia. Uma resposta solidária, no momento certo, também pode ser um presente para a outra pessoa. Se respondemos com simpatia depois de nos conectarmos com empatia, isso pode aprofundar nossa conexão. No entanto, se respondemos com simpatia quando a pessoa precisa de empatia, isso pode nos desconectar.[4]

Empatia *versus* compreensão

A compreensão intelectual bloqueia a empatia.[34]

><

O dom da empatia

Esse é um erro que muitos cometem: achar que ter empatia vai dar a impressão de que estamos concordando com o comportamento. Endossando-o. Ou que vamos tolerá-lo. Não, empatia significa que somos capazes de entender que tudo que cada ser humano faz é perfeito para ele fazer.[14]

)(

Empatia, é claro, é um tipo especial de compreensão. Não é uma compreensão da cabeça, em que só entendemos mentalmente o que o outro diz. É algo muito mais profundo e mais precioso. Conexão empática é uma compreensão do coração, em que vemos a beleza na outra pessoa, a energia divina nela, a vida que está viva nela. Nós nos conectamos com ela. Não a entendemos mentalmente, nos conectamos com ela.[6]

)(

Se estamos tentando entender mentalmente alguém, não estamos presentes com ele neste momento. Estamos ali o analisando, mas não estamos com ele. Conexão empática implica *conectar-se com o que está vivo no outro neste momento*.[6]

)(

Muita gente acha que você precisa entender o passado para se curar. E que precisa contar a história para ter compreensão. Essas pessoas misturam compreensão intelectual com empatia. Empatia é de onde vem a cura. Contar a história fornece compreensão intelectual sobre por que a pessoa fez o que fez, mas isso não é empatia nem promove nenhuma cura. Na verdade, recontar a história intensifica a dor. É como revivê-la.[2]

)(

A empatia mostra que não julgamos moralmente a pessoa pelo que ela está fazendo.[28]

Empatia não é concordância

Tudo que cada um de nós faz é perfeito. É o que veremos, se tivermos empatia. Mas isso não significa que queremos tolerar tudo. Significa que temos uma compreensão respeitosa de que para aquela pessoa, naquele lugar e momento, isso é o melhor que ela pode fazer. Então, isso é tudo que empatia significa, olhar para o outro com esses olhos. Isso não significa que temos de gostar desse comportamento nem tolerá-lo.[14]

)(

Perceba que isso não requer que concordemos com a pessoa. Não significa que precisamos gostar do que ela está dizendo. Significa que damos a ela esse precioso presente da nossa presença, que estamos presentes neste momento para o que está vivo nela, que estamos interessados, sinceramente interessados nisso. Não se trata de uma técnica psicológica, mas de querer nos conectar com a beleza na pessoa neste momento.[8]

)(

A tática de abertura mais poderosa que conheço, seja na transformação social ou se estou trabalhando com detentos que fizeram coisas de que tenho muito medo, o que posso fazer de mais poderoso é me conectar empaticamente com a pessoa que está fazendo aquilo de que não gosto, de um jeito que mostre com sinceridade que não a julgo por isso. Essa é a coisa mais poderosa que posso fazer, mas requer muito trabalho, porque preciso tirar da cabeça todas as imagens do inimigo. Preciso estar consciente de que não

O dom da empatia

estou tentando mudar a pessoa. Estou tentando criar uma conexão que vai permitir que as necessidades de todos sejam atendidas.[3]

)(

Uma preocupação sobre empatia apontada com frequência é: "O estudante não pensaria que você está endossando seus pensamentos e sentimentos se você os refletir dessa maneira?". Respondo tentando deixar claro que existe uma diferença entre compreensão empática e concordância. Posso demonstrar compreender os sentimentos e as necessidades de um aluno sem sugerir que concordo, endosso ou mesmo gosto de seus sentimentos e de suas necessidades.[4]

O que é empatia suficiente?

Você contou até um milhão antes de mudar o foco da pessoa para si? Antes de reagir depois de empatizar, conte até um milhão lentamente. Porque eu poderia estar prestes a ir fundo em alguma coisa e, se você reagir muito depressa, parece que está usando a empatia como técnica. É como se, o tempo todo, estivesse só esperando eu terminar para poder dar sua opinião. E aí eu não confio na sua empatia. Então, conte até um milhão antes de sair da sua conexão empática com a pessoa.[3]

)(

Dois sinais indicam que o orador pode estar pronto para passar para seus pedidos. Primeiro, quando ele teve a empatia de que precisava em dado momento, ele se sente aliviado — e normalmente conseguimos sentir esse alívio. Outro sinal mais óbvio é que ele para de falar. No entanto, antes de passar para os pedidos dele, não faz mal perguntar: "Tem mais alguma coisa que queira me dizer?"[4]

A essência da comunicação não violenta segundo Marshall B. Rosenberg

)(

Recomendo darmos aos interlocutores ampla oportunidade de expressão antes de começar a propor soluções ou solicitar ajuda. Quando avançamos rápido demais com relação ao que as pessoas nos pedem, podemos não transmitir interesse genuíno por seus sentimentos e necessidades. Ao contrário, é capaz que as pessoas tenham a impressão de que estamos com pressa de nos livrarmos delas ou de resolver seu problema. Além disso, uma mensagem inicial é muitas vezes como a ponta de um *iceberg*: pode estar acompanhada de sentimentos não manifestos, mas correlatos — e, não raro, mais fortes. Mantendo a atenção concentrada no que está acontecendo dentro dos outros, damos a eles a oportunidade de explorar e expressar plenamente seu eu interior. Interromperíamos esse fluxo se desviássemos a atenção muito depressa para seu pedido ou para a nossa vontade de expressão.[5]

)(

Eu permaneço em um diálogo até sentir que estamos no fundo do que realmente está vivo no outro neste momento. Não é fácil saber quando chegamos a esse ponto. Temos duas pistas que podem nos dar alguma informação. Uma, quando a pessoa se sentir realmente compreendida, vamos sentir no corpo. Há uma certa liberação de tensão que acontece quando qualquer ser humano recebe a compreensão no momento em que precisa dela. Qualquer pessoa que esteja presente vai sentir esse alívio também. É um "aaahhhh". A pessoa normalmente para nesse ponto; não continua.

Dessa maneira, essas duas pistas podem indicar que ela conseguiu a compreensão de que precisava para passar ao pedido. Porém, é sempre bom ir devagar e ser conservador antes de devolver a atenção para nós mesmos. Dizer algo como: "Tem mais alguma coisa que queira que eu saiba sobre isso?" dá à pessoa bastante espaço para explorar tudo que está acontecendo nela.[3]

Autoempatia

Em CNV, autoempatia significa verificar os próprios sentimentos e necessidades.[34]

)(

De certa forma, esvaziar a mente é uma parte muito importante da comunicação não violenta. E fazemos isso simplesmente observando o *show* do chacal que acontece dentro de nós. Só para ver. Isso não somos nós. Isso é programado dentro de nós; é como um filme que foi posto na nossa cabeça. Assista-o, depois volte à vida. [...] Vemos o que está acontecendo na nossa cabeça, mas por trás disso nos conectamos: que necessidade minha está ali?[12]

)(

Autoempatia, para mim, é me conectar a qualquer momento com o que estou sentindo e conectar meus sentimentos às minhas necessidades. Essas duas coisas: nossa conexão empática se dá com sentimentos e necessidades. Então, se digo a mim mesmo: "Que coisa idiota de se fazer!", ouço apenas que penso que fui idiota. Ouvir meus pensamentos é como tomar banho vestido. Eles não estão analisando realmente os fatos nus. Os fatos nus são sentimentos e necessidades.[19]

)(

Quando as pessoas conseguem praticar autoempatia, são muito mais capazes de aprender com suas limitações sem perder o autor-respeito — sem se sentirem culpadas ou deprimidas.

De fato, eu diria que, se não conseguimos ter empatia por nós mesmos, vai ser muito difícil ter empatia por outras pessoas. Se quando cometemos um erro ainda pensamos que tem alguma coisa errada conosco, como não pensar que tem alguma coisa errada com os outros por fazerem o que fazem? Quando conseguimos ter autoempatia e realmente nos mantemos conectamos com nosso verdadeiro eu de um jeito que enriquece a vida, podemos ouvir ou sentir quais necessidades não estamos atendendo com nossas ações — e, nesse ponto, podemos enxergar quais necessidades estamos tentando atender fazendo o que acabamos de fazer. Quando a consciência está voltada para nossas necessidades, somos muito mais capazes de atendê-las sem perder o autorrespeito, e somos mais capazes de evitar julgar os outros pelo que dizem ou fazem.[8]

)(

Traduza autojulgamento em autoempatia.[34]

7

Expressar-se usando CNV

Expressão

Por ser preciso revelar os próprios pensamentos e necessidades mais profundos, às vezes pode-se achar desafiador expressar-se na CNV. Entretanto, essa comunicação fica mais fácil depois de mostrarmos empatia pelos outros, porque então teremos tocado sua natureza humana e percebido as qualidades que compartilhamos. Quanto mais nos ligamos aos sentimentos e às necessidades ocultas nas palavras das outras pessoas, menos assustador se torna nos abrirmos para elas. Somos mais relutantes em manifestar vulnerabilidade em contextos em que desejamos manter uma "imagem de durões", por medo de perdermos a autoridade ou o controle.[5]

><

Fomos educados para ver nossas necessidades como coisas meio sujas, dependentes, egoístas, desnecessárias, sem importância. Assim, é muito difícil termos coragem para expressá-las. Quando finalmente as expressamos, é com medo, ansiedade, culpa e raiva. Isso estimula uma reação [...] que fortalece a crença de que nossas necessidades são algo ruim.[19]

❌

Quanto mais diretamente conseguirmos vincular nossos sentimentos a nossas necessidades, mais fácil será para os outros reagir com compaixão.[5]

❌

Sempre saberemos que nosso interlocutor nos ouviu quando expressamos nossas necessidades, porque eles terão aquela expressão de uma criança pequena falando com o Papai Noel. Se não fizerem essa cara, eles não ouviram.[16]

❌

Precisamos estar preparados. Sempre que nos expressamos com vulnerabilidade, temos que estar preparados para lidar empaticamente com a resposta.[31]

❌

Se você não consegue chegar ao que quer com 40 palavras ou menos, é provável que receba muito do que não quer. É que tudo isso, essa parte, o que está vivo em você, é observação, sentimentos e necessidades. Você é capaz de dizer isso com 40 palavras. Se usa mais de 40 palavras, provavelmente está falando sobre sentimentos, justificando, explicando de maneiras que não são úteis.[12]

❌

Quando você quer uma conexão com as pessoas sobre questões emocionais, expresse o que tem no seu coração, seus sentimentos, suas necessidades, em cerca de 30 palavras, e depois use o que resta das 40 para fazer um pedido atual. Quando os seres humanos se encontram em uma situação emocional, esperar que eles lhe concedam atenção plena por 40 palavras é pedir bastante.[22]

)(

Vou dizer o que muitas pessoas têm medo que aconteça se elas se abrirem e se revelarem. Quando revelam sinceramente o que está vivo nelas, o que tornaria sua vida mais maravilhosa, têm medo de receber um diagnóstico gratuito de seu interlocutor. Este vai dizer o que está errado com elas por terem esses sentimentos, essas necessidades, esses pedidos. Elas temem ouvir que são muito sensíveis, carentes ou exigentes. Isso pode acontecer, é claro. Vivemos em um mundo em que se pensa dessa maneira; então, se somos de fato abertos e sinceros, recebemos um diagnóstico. Mas trago uma boa notícia! A comunicação não violenta nos prepara para lidar com qualquer resposta. Outras pessoas têm medo do silêncio. [...] Muitas outras têm medo de uma palavrinha de três letras: *não*.[8]

)(

Acredito que, sempre que dizemos algo a alguém, esperamos alguma reação. Pode ser apenas uma conexão por empatia — um reconhecimento verbal ou não verbal [...] de que o outro compreendeu o que dissemos. Ou talvez queiramos apenas sinceridade: desejamos saber qual é a reação sincera do ouvinte a nossas palavras. Ou ainda podemos almejar uma atitude que satisfaça nossa necessidade. Quanto mais específicos formos a respeito do que queremos do outro, mais provável será vermos essa necessidade atendida.[5]

)(

Sabemos que a mensagem enviada nem sempre é a mensagem recebida. Em geral, dependemos de uma confirmação verbal para concluir se ela foi compreendida como pretendíamos. Não tendo certeza disso, precisamos encontrar um modo de pedir ao ouvinte uma resposta clara de como a mensagem foi ouvida, para que desfaçamos qualquer mal-entendido. Em certas ocasiões, basta uma pergunta simples, como: "Está claro?" Em outras, para nos sentirmos confiantes de que realmente nos compreenderam, precisamos de mais do que um "sim, entendi". Então, podemos pedir ao ouvinte que repita com suas palavras o que nos ouviu dizer. Teremos aí a oportunidade de explicar partes da mensagem a fim de resolver qualquer discrepância que notarmos na resposta recebida.[5]

)(

Sempre que a expressão da pessoa não for a de uma criancinha ganhando um presente do Papai Noel, sabemos que ela não nos ouviu. Se falamos 100% na linguagem da girafa, vemos no rosto do outro a expressão de uma criança ganhando um presente.[22]

)(

A comunicação não violenta exige que vivamos o momento presente. E que, quando falamos, sejamos específicos sobre o que queremos do outro agora. Portanto, quando expressamos dor, precisamos encerrar com um pedido específico, no presente.[26]

)(

A razão número um para não termos nossas necessidades atendidas: não as expressamos. Expressamos julgamentos. Se expressamos necessidades, a razão número dois para não termos nossas necessidades atendidas — não fazemos pedidos específicos.[34]

)(

Primeiro, não sabemos expressar nossas necessidades; segundo, esquecemos de fazer um pedido específico depois, ou usamos

Expressar-se usando CNV

palavras vagas como apreciar, ouvir, reconhecer, saber, ser real e coisas assim.[34]

)(

Se expressamos a necessidade sem o pedido, isso muitas vezes deixa o interlocutor sem saber ao certo o que queremos, ou com a ideia de que esperamos que ele saiba o que queremos e o que ele deve fazer em relação a isso.[31]

)(

Sempre [...] que você não é específico em relação ao que quer, não espere ter uma conversa produtiva. O que vai ter é pessoas falando umas para as outras, mas não umas com as outras.[12]

)(

Quando nos dirigimos a um grupo, é especialmente importante que sejamos específicos a respeito do tipo de compreensão ou sinceridade que desejamos obter dele depois de nos manifestarmos. Se não somos específicos quanto à resposta que desejamos, talvez entabulemos conversas improdutivas que terminam sem satisfazer as necessidades de ninguém.[5]

)(

É comum que ocorram discussões improdutivas quando nos dirigimos a um grupo sem especificar a resposta que desejamos. No entanto, se ao menos um membro do grupo está ciente da importância de mencionar com clareza a reação desejada, ele pode transmitir essa informação a todos.[5]

)(

Quando não somos específicos sobre o que queremos do nosso ouvinte, costumamos usar cerca de 90% mais palavras do que o necessário. Se queremos algo, mas não somos específicos sobre o quê, achamos que, de alguma forma, falando eternamente vamos conseguir isso.[27]

As conversas costumam se arrastar indefinidamente, sem satisfazer as necessidades de ninguém, porque não está claro se quem iniciou a conversa obteve ou não o que queria. Na Índia, quando recebem a reação desejada em conversas que iniciaram, elas dizem "*bâs!*" Isso significa: "Você não precisa dizer mais nada. Estou satisfeito e pronto para passar a outro assunto". Embora não tenhamos uma palavra como essa em nosso idioma, podemos ainda aproveitar a ideia desenvolvendo e promovendo a "consciência do *bâs*" em todas as conversas.[5]

Quando expressamos nossas necessidades indiretamente por meio de avaliações, interpretações e imagens, é provável que os outros escutem críticas. Quando as pessoas ouvem alguma coisa que soa como crítica, tendem a investir sua energia em autodefesa ou contra-ataque.

É importante que, ao nos dirigirmos a alguém, tenhamos claro o que queremos obter.[34]

Libertação emocional significa declarar com clareza o que necessitamos, de um modo que torne óbvio que estamos igualmente empenhados na satisfação das necessidades dos outros. A CNV foi elaborada para nos ajudar a conviver nesse nível.[5]

Ser assertivo

A CNV é uma linguagem bastante assertiva. Podemos ser bastante eloquentes e específicos sobre o que sentimos, sobre quais são nossas necessidades e o que queremos de nossos interlocutores, mas somos muito assertivos sem fazer duas coisas que transformam assertividade em violência. Na CNV, nos afirmamos sem criticar o outro. Então, na linguagem da CNV, não dizemos nada que sugira que a outra pessoa está errada. E quando falo em estar errada, refiro-me a mil coisas diferentes, impróprias, egoístas, insensíveis — de fato, qualquer palavra que classifique ou categorize a pessoa.

Na CNV, aprendemos a ser muito assertivos ao dizer o que está acontecendo em nós, e quando falamos em CNV, também temos a arte maravilhosa de dizer às pessoas de maneira muito assertiva o que gostaríamos que elas fizessem, mas lhes apresentamos isso como um pedido, não como uma exigência. Porque, no momento em que as pessoas ouvem da nossa boca qualquer coisa que pareça uma crítica ou exigência, ou que lhes dê a impressão de que não valorizamos suas necessidades como valorizamos as nossas — quando a pessoa tem essa impressão de nós, a de que só queremos tudo do nosso jeito, perdemos, porque ela tem menos energia para considerar sinceramente nossas necessidades. A maior parte da energia dela será desviada para a defesa ou a resistência.

Queremos ser muito assertivos quando usamos a CNV de um jeito que entrega ao interlocutor nossa assertividade como um presente que desnuda o que está acontecendo em nós; que diz claramente o que gostaríamos de receber dele.[1]

8

Emoções difíceis: raiva, depressão, culpa e vergonha

Quando nossas necessidades não são atendidas, ficamos frustrados. Mas quando nos sentimos raivosos, culpados, deprimidos ou envergonhados, não estamos em contato com nossas necessidades. Estamos dentro da cabeça, analisando.[27]

)(

Quais são esses quatro sentimentos maravilhosos que nos dizem que estamos, naquele momento, pensando de um jeito que cria violência no planeta? Raiva. Depressão. Culpa. Vergonha. Esses sentimentos são criados por uma maneira de pensar extremamente violenta.[26]

)(

Raiva, depressão, culpa e vergonha nos dizem que perdemos conexão com a vida. Não estamos conectados com nossas necessidades. Estamos em nossa cabeça, pensando de um jeito que gera grande sofrimento em nosso planeta. Então, tome consciência do pensamento e depois pergunte a si mesmo: "Que necessidade está na raiz desses pensamentos?"[19]

)(

O pensamento que nos faz sentir raivosos, deprimidos, culpados e envergonhados — o pensamento que está acontecendo em nossa cabeça neste momento — é uma expressão trágica, suicida de uma necessidade não atendida ou de necessidades não atendidas. Há culturas inteiras que não sentem raiva, depressão, culpa ou vergonha. Elas não ensinam a pensar de um jeito que cria esses sentimentos. Elas têm fortes emoções. Mas não têm raiva, depressão, culpa e vergonha.[19]

)(

Quando estamos em contato com nossa necessidade não atendida, nunca sentimos vergonha, culpa, raiva de nós mesmos ou a depressão vivenciada quando pensamos que o que fizemos estava errado. Sentimos tristeza, profunda tristeza, às vezes frustração, mas nunca depressão, culpa, raiva ou vergonha. Esses quatro sentimentos nos dizem que estamos fazendo julgamentos moralistas no momento em que os sentimos.[2]

)(

Nossos sentimentos são causados por duas coisas: a Mãe Natureza ou o nosso pensamento. A Mãe Natureza é responsável por tristeza, solidão, frustração, porque esses sentimentos se conectam diretamente às necessidades que não estão sendo atendidas. Mas sentimentos como raiva, depressão, culpa e vergonha são consequência de uma combinação de dois fatores: a Mãe Natureza — nossas necessidades não estão sendo atendidas — e o nosso pensamento não conectado à necessidade, e sim em nossa cabeça, fazendo o jogo dos julgamentos.[19]

Emoções difíceis: raiva, depressão, culpa e vergonha

)(

Não queremos nos livrar da dor se ela é conectada à necessidade. Esse é o jeito de a natureza nos mobilizar para atendê-la. Mas se estamos falando de um dos outros sentimentos — raiva, culpa, vergonha —, se a tensão deriva disso, então precisamos nos conectar mais à vida empatizando com a necessidade que é expressa por essas mensagens internas.[15]

)(

Alguns de nós olham para dentro e escolhem levar as coisas para o lado pessoal. Nesse caso, vamos passar boa parte da vida nos sentindo culpados, envergonhados e deprimidos. Se julgarmos os outros, passaremos boa parte da vida com raiva. E alguns são muito talentosos. Em determinado momento podemos ouvir uma declaração como essa e pensar: "Ah, se falam comigo desse jeito, devo ser um mau professor", e nos sentimos culpados ou envergonhados, e depois mudamos e ficamos com raiva. Seguimos pela vida oscilando entre raiva, culpa, vergonha, depressão, raiva, culpa, vergonha, depressão.

Aliás, esses são sentimentos muito valiosos para aqueles que usam a comunicação não violenta: os sentimentos de raiva, depressão, culpa e vergonha. Por que são valiosos? Todos eles nos dizem que estamos mortos. Estamos mortos nesse sentido: nos isolamos de onde nossa atenção realmente precisa estar para ver a beleza em nós e nas outras pessoas. E onde sugiro que coloquemos nossa atenção? No ingrediente mais importante da comunicação não violenta: as necessidades.[10]

Depressão

A depressão é a recompensa que recebemos por sermos "bons".[34]

)(

É esse tipo de pensamento que nos deprime: o que dizemos a nós mesmos sobre nós mesmos. Nós nos julgamos como fomos treinados para julgar os outros. Esses julgamentos que implicam maldade, erro, inferioridade, anormalidade — isso gera depressão.[31]

)(

Em geral, somos educados pela culpa, pela vergonha e por outras táticas violentas, coercivas. Sabemos que estamos fazendo isso. Como sabemos que estamos nos educando de forma violenta?

Três sentimentos nos dirão: depressão, culpa e vergonha. Acho que nos sentimos deprimidos durante muito tempo, não por estarmos doentes ou por haver algo errado conosco, mas porque nos ensinaram a nos educarmos com julgamentos moralistas, a nos culparmos.[8]

)(

Quando estamos deprimidos, nossos pensamentos bloqueiam a consciência de nossas necessidades e, em seguida, nos impedem de agir para atendê-las.[34]

)(

Quando transcorre dentro de nós um diálogo crítico, nós nos distanciamos do que precisamos, e por esse motivo não conseguimos agir para atender a essas necessidades. A depressão é acarretada por um estado de dissociação das próprias necessidades.[5]

)(

A CNV aprimora a comunicação interna, ajudando-nos a traduzir mensagens internas negativas em sentimentos e necessidades. Nossa capacidade de distinguir sentimentos de necessidades e ter empatia por eles pode nos libertar da depressão.[34]

Emoções difíceis: raiva, depressão, culpa e vergonha

)(

Quem está conectado com as próprias necessidades não fica deprimido. Trabalho com inúmeras pessoas muitas deprimidas, e digo: "Que necessidades suas não estão sendo supridas?" "Sou um fracasso." Percebe a diferença entre a pergunta que fiz e a resposta que recebi? Perguntei que necessidades não estão sendo supridas — "Sou um fracasso". Enquanto continuar pensando no que você é, acostume-se a ficar deprimido.[19]

)(

Acredito que a depressão é criada por pensamentos do chacal dirigidos para o interior da pessoa. Então, prefiro ensinar a linguagem da girafa, porque sei, por experiência própria, que isso é mais útil. E, na minha opinião, ensinar a essa pessoa que tem algo errado com ela que requer substâncias químicas só contribui para aumentar o problema. Porque ela já está se chacalizando — por isso está deprimida — e se alguém lhe receitar remédios, ela vai se convencer disso.[14]

)(

Não acredito que alguém realmente saiba se a depressão de alguém é química. Por isso, não quero eliminar essa possibilidade. Só estou dizendo que, quando as famílias me procuram, eu digo: "Não sei se é isso ou não. Se quer tomar o medicamento [...] a decisão é sua. Mas eu vou abordar a situação como se o pensamento do chacal estivesse criando o problema". Não me parece que aprender girafa prejudique alguém; não é tóxico, ou algo assim.[14]

Raiva

A raiva pode ser um toque de despertar maravilhoso para ajudar você a entender o que necessita e o que valoriza.[34]

>⟨

Quando você está com raiva, isso põe em evidência vários aspectos do processo da CNV, colaborando para mostrar a diferença entre CNV e outras formas de comunicação.[9]

>⟨

Raiva não é o problema. O problema é o pensamento que está acontecendo em nós quando estamos com raiva.[18]

>⟨

Sobre o assunto da raiva, esse é um bom sentimento para nos ensinar comunicação não violenta, porque a raiva nos informa que estamos desconectados de nossas necessidades, a parte central da CNV. A raiva nos diz que estamos pensando de um jeito que cria violência no planeta.[31]

>⟨

A raiva é um sinal de que você está distraído por pensamento crítico ou punitivo, e que alguma necessidade preciosa sua está sendo ignorada.[34]

>⟨

Creio que toda raiva é fruto do pensamento. Pensamento do chacal (crítico). E estou dizendo que, quando alguém está com raiva, não está inteiramente em contato com suas necessidades não atendidas. A maior parte de sua energia é usada para analisar o ambiente. A maior parte de sua energia não está nas próprias necessidades.[13]

>⟨

Minha raiva é valiosa. É realmente uma bênção. Quando sinto raiva, sei que preciso reduzir o ritmo, olhar para o que estou dizendo a mim mesmo. Preciso traduzir os julgamentos que estão me deixando com raiva e entrar em contato com minhas necessidades.[2]

✂

Use a raiva como um chamado de despertar para necessidades não atendidas.[34]

✂

A raiva é sempre justificada, no sentido de ser um resultado inevitável do pensamento que aliena a vida e provoca violência.[2]

✂

Então, na CNV, estamos interessados em usar a raiva para nos ajudar a chegar às necessidades que não estão sendo atendidas dentro de nós, que estão na raiz de nossa raiva.[9]

✂

A comunicação não violenta exige que estejamos conscientes de que todo pensamento que acontece dentro de nós e nos deixa com raiva é uma expressão trágica de nossas necessidades.[28]

✂

Esta é a função natural das emoções: estimular-nos a ter nossas necessidades atendidas. Mas a raiva é estimulada por uma distração. Não estamos em contato com as necessidades que nos motivariam naturalmente a querer ter nossas necessidades atendidas. Como eu disse, a raiva é criada por pensamentos sobre os erros nos outros, o que transforma essa energia de buscar atender à necessidade em uma energia destinada a culpar e punir os outros.[9]

✂

Quando prestamos total atenção às nossas necessidades, é impossível ficar com raiva. Não importa o que a pessoa está fazendo com você, é impossível ficar com raiva se toda sua atenção está na sua necessidade ou na necessidade da pessoa.[22]

><

Para administrar a raiva de uma forma que esteja em harmonia com os princípios da CNV, é importante estarmos conscientes desta distinção fundamental: *eu me sinto assim porque estou gerando em mim mesmo pensamentos sobre as atitudes do outro que sugerem erro da parte dele.* Esses pensamentos tomam a forma de críticas, como: "Acho que a pessoa é egoísta, ou grossa, ou preguiçosa, ou manipuladora, e ela não deveria fazer isso". Esses pensamentos tomam a forma de julgamento direto do outro, ou julgamento indireto expresso por coisas como: "Estou julgando essa pessoa pensando que só ela tem algo que vale a pena dizer". Nessas expressões, fica implícito que pensamos que o que ela está fazendo é errado.

Isso é importante porque, se penso que a pessoa está me fazendo sentir assim, vai ser difícil não imaginar uma punição para ela. Mostramos às pessoas que nunca é o que o outro faz; é como vemos, como interpretamos isso.[9]

A causa da raiva

A causa da raiva reside em nosso pensamento — em pensamentos de culpa e crítica.[34]

><

Nunca ficamos zangados por causa do que os outros dizem ou fazem; isso é um resultado do nosso pensamento de "deveria".[34]

><

Sempre que estamos com raiva, culpamos alguém — preferimos brincar de Deus julgando ou culpando outra pessoa por estar errada ou merecer punição. Defendo a ideia de que essa é a causa da raiva. Mesmo que de início não tenhamos tal consciência, a causa da raiva encontra-se em nosso pensamento.[5]

)(

O tipo de pensamento que nos leva a sentir raiva é aquele que sugere que as pessoas merecem sofrer pelo que fizeram. Em outras palavras, estou falando sobre os juízos moralistas que fazemos de outrem e sugerem erro, irresponsabilidade ou inadequação. Na raiz, todos esses tipos de julgamento implicam que alguém não deveria ter feito o que fez, e ele merece alguma forma de condenação ou punição por ter feito isso.[9]

)(

Considero que toda raiva resulta de um pensamento alienado que provoca violência. No âmago de toda raiva, há uma necessidade não satisfeita. Assim, a raiva pode ser valiosa se a utilizarmos como um toque de despertador para nos acordar — para percebermos que temos uma necessidade que não está sendo atendida e que pensamos de um jeito que torna improvável atendê-la.[5]

)(

Sei que, sempre que há raiva no coração da pessoa, há um *deveria* em sua cabeça. Essa é a causa da raiva. E já que essa é uma palavra tão importante, *deveria,* a cultura do chacal nos oferece cerca de mil variações dela. *Não deveria. Egoísta. Sem consideração, inadequado, guerrilheiro, terrorista.* Todas essas são variações da palavra *deveria,* e essa é a causa da raiva.[19]

)(

A **raiva resulta** de pensamentos alienantes da vida dissociados das necessidades. Ela indica que acionamos a cabeça para analisar e julgar alguém, em vez de nos concentrarmos para saber quais de nossas necessidades não estão sendo atendidas.[5]

><

O primeiro passo para lidar com a raiva usando CNV é estar consciente de que *o estímulo, ou gatilho para nossa raiva não é a causa da raiva*. Isso quer dizer que não é simplesmente o que a pessoa faz que nos deixa com raiva, mas é algo dentro de nós que responde ao que ela fez; essa é a real causa da raiva. Isso exige que sejamos capazes de separar o gatilho da causa.[9]

><

Na CNV, sempre que sentimos raiva, recomendamos dizer a nós mesmos: "Estou sentindo raiva porque estou dizendo a mim mesmo...", e depois procurar o tipo de pensamento alienado da vida que acontece em nossa cabeça e gera a raiva.[9]

><

Bem, é extremamente difícil para muitos de nós mantermos isso em ordem: não misturar o gatilho — ou estímulo — da raiva com a causa da raiva. O motivo para essa dificuldade é que podemos ter sido educados por pessoas que usam a culpa como forma primária de tentar nos motivar. Quando você quer usar a culpa para manipular as pessoas, precisa confundi-las para que pensem que o gatilho é a causa do sentimento. Em outras palavras, se você quer usar culpa com alguém, precisa se comunicar de um jeito que indique que sua dor é causada simplesmente pelo que essa pessoa faz. Em outras palavras, o comportamento dela não é simplesmente o estímulo de seus sentimentos; ele é a causa deles.[9]

Emoções difíceis: raiva, depressão, culpa e vergonha

)(

Tentamos fazer as pessoas enxergarem que, quando você está com raiva, é porque sua consciência está sob a influência do tipo de linguagem que todos nós aprendemos: que, de alguma maneira, o outro lado é mau ou ruim. Esse pensamento é a causa da raiva. Quando esse pensamento está acontecendo, não mostramos às pessoas como sufocá-lo e negar a raiva ou o sentimento, mas como transformar isso em uma linguagem de vida, em uma linguagem na qual você tem muito mais probabilidade de criar paz entre você e quem agiu a fim de estimular sua raiva.

Falamos primeiro sobre como ter consciência desse pensamento internalizado que o está deixando com raiva e como transformar isso nas suas necessidades que não foram atendidas pelo que a pessoa fez, e depois como agir a partir dessa consciência para criar paz entre você e ela.[9]

)(

Quando não consegue ver nenhuma boa razão para a pessoa fazer alguma coisa, você paga por isso, porque tudo que todo ser humano faz tem uma boa razão. A mesma razão: atender a uma necessidade. Essa era a melhor maneira que a pessoa conhecia para atender a uma necessidade própria naquele momento. Quando ouve isso, você não pode ficar com raiva. Não é possível. Você só fica com raiva quando, em vez de conectar-se com as pessoas com empatia, você as julga. E, quando as julgamos, pagamos por isso. Mesmo que não o façamos em voz alta, pagamos por isso.[12]

)(

Se para você uma descarga de adrenalina em seu organismo é estar vivo, a raiva o faz sentir vivo. Mas, para mim, estar vivo é estar conectado à vida. E, para mim, a vida é necessidades em ação. Qualquer fenômeno vivo tem necessidades: árvores têm necessidades. Cachorros têm necessidades, moscas têm necessidades, seres humanos têm necessidades. Qualquer coisa viva. Então, para mim, estar vivo é estar conectado com a vida, com necessidades. E a raiva me informa que estou desconectado de minhas necessidades.[19]

Administrando sua raiva

Quando você fica com raiva, sugiro, em primeiro lugar, que se cale. Não diga nem faça nada. Em vez disso, ponha rapidamente um chapéu de girafa. Agora. O próximo passo, quando estiver com o chapéu de girafa, é ver o que está acontecendo em sua cabeça que o deixa com raiva. Tenha consciência de que nunca é o que o outro fez que o deixa com raiva.[19]

✳

O que quer que diga quando estiver com raiva, é muito improvável que você consiga o que quer por motivos pelos quais não tenha que pagar mais tarde.[19]

✳

Nunca misture observação e avaliação. Não queremos nos convencer a pensar que o que o outro faz é a causa da nossa raiva. Isso é o estímulo.[19]

✳

O que queremos fazer quando usamos a CNV para administrar a raiva é ir mais fundo nela, ver o que está acontecendo dentro de nós quando sentimos raiva, ser capazes de chegar naquela necessidade — que é a raiz da raiva — e depois suprir essa necessidade. Para fins pedagógicos, às vezes me refiro à raiva comparando-a com a luz de alerta no painel de um carro — ela fornece informação útil sobre as necessidades do motor. Você não vai querer escondê-la, desligá-la ou ignorá-la. O que vai fazer é reduzir a velocidade do veículo e descobrir o que a luz está tentando lhe dizer.[9]

><

A primeira coisa a fazer quando começamos a ficar com raiva ou na defensiva é reconhecer que não ouvimos a outra pessoa. O que nos tira dessas lutas é nossa consciência. Se ouvimos algo além de um presente na mensagem da pessoa, não a ouvimos. Você precisa notar quando suas orelhas da CNV caíram. A raiva é uma pista maravilhosa; é como um toque de despertar para um praticante de CNV. Assim que fico com raiva ou na defensiva, ou ouço um ataque ou uma ordem, sei que não ouvi o outro. Em vez de me conectar com o que está acontecendo nele, recorro à cabeça e julgo que ele está errado de algum modo. Se estou usando a CNV, sei calar a boca o mais depressa possível, colocar minhas orelhas de CNV e me ouvir. Se tenho orelhas críticas, eu me machuco. Como faço isso?

Eu me escuto. Dou empatia a mim mesmo, observo quanta dor criei para mim colocando as orelhas críticas e ouvindo tudo aquilo. Percebo que isso aconteceu e depois me calo e assisto ao *show* que está acontecendo na minha cabeça. É como assistir a um filme.[1]

><

O primeiro passo ao expressar a raiva, administrando-a em harmonia com a CNV, é identificar o que a estimulou sem confundi-lo com nossa avaliação. O segundo passo é estar consciente de que é nossa avaliação das pessoas — na forma de julgamentos que sugerem erro — que provoca nossa raiva.[9]

><

O **terceiro passo** é olhar a necessidade que está na raiz da raiva. Isso se constrói sobre a presunção de que ficamos com raiva porque nossas necessidades não são atendidas. O problema é que não estamos em contato com tais necessidades. Em vez de estarmos diretamente conectados com nossa necessidade, recorremos à cabeça e começamos a pensar no que está errado com os outros por não atenderem às nossas necessidades. Os julgamentos que fazemos de outrem — que são a causa de nossa raiva — são realmente *expressões alienadas de necessidades não atendidas.*[9]

><

Tracei três passos para administrar a raiva usando a CNV:

1 Identificar o estímulo para a raiva, sem confundi-lo com avaliação.

2 Identificar a imagem interna ou o julgamento que está nos deixando com raiva.

3 Transformar essa imagem crítica na necessidade que ela está expressando; em outras palavras, dirigir toda a atenção para a necessidade que está por trás do julgamento.

Esses três passos são dados internamente — não dizemos nada em voz alta. Apenas tomamos consciência de que a raiva não é causada pelo que o outro fez, mas por nosso julgamento, e depois olhamos para a necessidade por trás do julgamento.[9]

><

O **quarto passo** implica transmitir à pessoa quatro informações. Primeiro, lhe revelamos: o que ela fez que está em conflito com o atendimento de nossas necessidades. Segundo, expressamos como nos sentimos. Perceba que não estamos reprimindo a raiva. A raiva foi transformada em um sentimento como tristeza, dor,

Emoções difíceis: raiva, depressão, culpa e vergonha

medo, frustração ou algo assim. E, depois de expressar nossos sentimentos, revelamos nossas necessidades que não estão sendo atendidas.

E agora acrescentamos a essas três informações um *pedido específico, atual, do que queremos da pessoa* em relação aos nossos sentimentos e necessidades não atendidos.[9]

)(

Um exercício que eu recomendaria é relacionar o tipo de julgamentos que podem surgir dentro de você quando está com raiva. Você pode pensar na ocasião mais recente em que ficou com raiva e se perguntar e anotar o que estava dizendo a si mesmo que o deixou com raiva.

Quando tiver feito um inventário do tipo de coisas que diz a si mesmo em diferentes situações que o deixam com raiva, pode rever essa lista e perguntar a si mesmo: "Que necessidade eu estava expressando por meio daquele julgamento?" E quanto mais tempo passarmos fazendo essas traduções de julgamentos em necessidades, mais isso vai nos ajudar a seguir esses procedimentos para expressar a raiva mais depressa em situações da vida real.[9]

Expressar a raiva

A CNV é um jeito de expressar plenamente a raiva.[9]

)(

O primeiro passo para expressar plenamente a raiva na CNV é dissociar a outra pessoa de qualquer responsabilidade por nossa raiva. Livramo-nos de pensamentos como "ele me deixou com raiva quando fez aquilo". Esse tipo de pensamento nos leva a expressar a raiva superficialmente, culpando ou punindo o outro. [...] Nunca ficamos com raiva por causa do que a pessoa fez. Podemos identificar o comportamento dela como estímulo, mas é importante estabelecermos uma distinção clara entre estímulo e causa.[5]

><

Para expressarmos plenamente a raiva, precisamos ter total consciência dessa nossa necessidade. Além disso, é preciso ter energia para fazer que essa necessidade seja atendida. A raiva, porém, rouba energia quando a usamos para punir as pessoas, em vez de dirigi-la para atender a nossas necessidades.[5]

><

Os quatro passos para expressar a raiva são (1) parar e respirar, (2) identificar nossos pensamentos que indicam julgamentos, (3) atentarmos para nossas necessidades e (4) expressar nossos sentimentos e necessidades não satisfeitas.[5]

><

Para mim, qualquer forma de [...] culpar, punir ou magoar as pessoas é uma expressão muito superficial da nossa raiva. Queremos algo muito mais poderoso do que matar ou ferir as pessoas física ou mentalmente. Isso é fraco demais. Queremos alguma coisa bem mais poderosa que isso para nos expressarmos plenamente.[9]

Reprimir a raiva

Se você está com raiva, não pense que não deveria estar com raiva. Não pense que tem algo errado em estar com raiva. Isso só cria mais um problema. Use a raiva como um toque de despertar para lembrar você de duas coisas: (1) Uma necessidade minha não está sendo atendida. (2) Estou pensando de um jeito que quase garante que ela não será atendida, ou será atendida de uma maneira pela qual acabarei pagando.[19]

Emoções difíceis: raiva, depressão, culpa e vergonha

✕

A pior coisa que podemos fazer é reprimir a raiva. Você já viu as declarações de vizinhos de *serial killers*? Como eles descrevem o assassino? "Que cara gentil, nunca se mostrou raivoso". Então, a pior coisa que podemos fazer em relação à raiva é pensar que as pessoas boas nunca se enfurecem e sufocá-la. Não é isso que estou dizendo. Estou dizendo que a raiva é um sinal útil de que nossas necessidades não estão sendo atendidas e de que estamos pensando de um jeito que cria violência no planeta, e provavelmente não vai levar à satisfação das nossas necessidades pelos motivos que queremos que elas sejam atendidas.[19]

✕

Quando se trata de administrar a raiva, a CNV nos mostra como usá-la como um alarme que avisa que estamos pensando de maneiras que, provavelmente, não levarão à satisfação de nossas necessidades, e que têm alta probabilidade de nos envolver em interações que não serão construtivas para ninguém. Nosso treinamento enfatiza que *é perigoso pensar na raiva como algo a ser reprimido, ou como algo ruim*.[9]

✕

Há em mim uma quantidade enorme de violência condicionada por fatores culturais e outras coisas. Então, eu aprecio isso. Apenas me sento quando fico com raiva e assisto a esse *show* violento que acontece na minha cabeça. Ouço todas as coisas violentas que eu gostaria de dizer, vejo essas coisas que gostaria de fazer com essa pessoa, depois ouço a dor que está por trás disso. E, quando chego à dor por trás disso, sempre encontro alívio.

Então posso dirigir a atenção para a humanidade da outra pessoa. Não estou reprimindo nada, pelo contrário. Estou apreciando esse *show* violento que acontece na minha cabeça. [...]

Só não o coloco em prática, porque isso seria muito superficial. Se me precipito e culpo essa pessoa, nunca chegarei à dor por trás de tudo isso. Não serei capaz de expressar de verdade e completamente minhas necessidades para ela e tê-las atendidas. Vamos só brigar, e sei como isso acaba: não me sinto bem nem quando venço.[9]

⟩⟨

Nunca reprima sua raiva — não a sufoque. Use-a como um estímulo para voltar à vida. Quando sentir raiva, tenha consciência de que não está conectado às suas necessidades. Você está na sua cabeça, fazendo um jogo que nos ensinaram a jogar e se chama "Deus Punitivo".[26]

⟩⟨

Repito, se me conecto com as necessidades alheias, nunca vou sentir raiva. Não vou *reprimir* minha raiva, simplesmente não a sentirei. Considero que o que sentimos é resultado de cada momento de escolha que fazemos entre essas quatro opções: escolhemos ir para a cabeça e julgar a pessoa? Escolhemos ir para a cabeça e nos julgar? Escolhemos a conexão empática com as necessidades da pessoa? Ou escolhemos a conexão empática com as nossas necessidades? É essa escolha que determina nossos sentimentos. É por isso que a comunicação não violenta exige que uma palavra muito importante venha depois de *porque* — a palavra *eu*, não *você*. Por exemplo: "Estou com raiva porque eu..." Isso nos faz lembrar que o que sentimos não é causado pelo que o outro fez, mas pela escolha que eu fiz.[9]

Máximas sobre a raiva

- Não há nada que o outro possa fazer que nos leve a sentir raiva.

Emoções difíceis: raiva, depressão, culpa e vergonha

- Qualquer pensamento que esteja em sua cabeça e envolva a palavra *deveria* provoca violência.
- Não acho que ficamos com raiva porque nossas necessidades não são atendidas. Acho que ficamos com raiva porque julgamos os outros.
- A raiva é um sentimento natural criado por um pensamento antinatural.
- Não estou dizendo que é errado julgar as pessoas. [...] O que importa é ter consciência de que é esse julgamento que nos deixa com raiva.
- Mesmo que você não faça os julgamentos em voz alta, seus olhos mostram esse tipo de pensamento.
- Use as palavras "Eu sinto porque eu..." para lembrar que o que sente não é causado pelo que o outro fez, mas pela escolha que você fez.
- Na minha opinião, a vida que está acontecendo dentro de nós pode ser entendida claramente olhando para quais são as nossas necessidades. Pergunte a si mesmo: "Quais são as minhas necessidades nessa situação?"
- Quando estou conectado com as minhas necessidades, tenho sentimentos fortes, mas nunca raiva. Vejo toda raiva como fruto de pensamentos alienantes da vida, violentos, provocativos.
- Tristeza é um sentimento que nos mobiliza para suprir nossas necessidades. Raiva é um sentimento que nos mobiliza para culpar e punir os outros.
- Expressar plenamente a raiva significa ter total consciência da necessidade que não está sendo atendida.
- A melhor maneira de ser compreendido pelo outro [...] é também dar compreensão a ele. Se desejo que ele escute minhas necessidades e meus sentimentos, preciso antes ter empatia.
- Quando dou às pessoas a empatia de que elas precisam, descubro que não é tão difícil fazê-las me ouvir.

- A raiva é um sentimento muito valioso na CNV. É um toque de despertar. Ela nos diz que estou pensando de um jeito que quase garante que minhas necessidades não sejam atendidas. Por quê? Porque a minha energia não está conectada com as minhas necessidades, e nem tenho consciência de quais são elas quando estou com raiva.[9]

Parte IV

CNV nos relacionamentos

"Pode ser mais difícil ter empatia por aqueles de quem somos mais próximos."[34]

9

Estar em um relacionamento

Relacionamentos

Pode ser mais difícil ter empatia por aqueles de que estamos mais próximos.[34]

)(

Culpar é fácil. As pessoas estão acostumadas a ouvir acusações. Às vezes, concordam com o que ouviram e se odeiam — o que não as impede de voltar a se comportar da mesma maneira —, e outras vezes nos odeiam por rotulá-las — o que também não refreia o comportamento delas.[5]

)(

Planos de retaliação nunca nos tornarão mais seguros.[34]

)(

As pessoas não ouvem nossa dor quando creem ter culpa por ela.[34]

A essência da comunicação não violenta segundo Marshall B. Rosenberg

))

Estou sugerindo que, se você quer ser ouvido, tem muito mais chances se começar se conectando com o que está vivo no outro. Mostre que não vê nada errado nele por conta do que ele está dizendo. Se conseguir comunicar essa mensagem antes, acho que tem uma chance maior de ser compreendido.[28]

))

Pergunte antes de oferecer conselho ou tranquilização.[34]

))

Quando o assunto é conselho, nunca os dê, a menos que tenha recebido um pedido por escrito, assinado por um advogado.[34]

))

Chateado? Pergunte a si mesmo o que essa pessoa faz que é um gatilho para que você a critique.[34]

))

Estou convencido de que todas essas análises de outros seres humanos são expressões lamentáveis de nossos valores e necessidades.[5]

))

Por trás de mensagens intimidadoras há simplesmente pessoas nos pedindo para atender às suas necessidades.[34]

))

Uma mensagem difícil de ouvir é uma oportunidade de enriquecer a vida de alguém.[34]

))

Ouça sempre ao que a pessoa necessita, em vez de o que ela está pensando sobre você.[34]

)(

Sugiro que você nunca, nunca, nunca ouça o que os outros pensam sobre você. Prevejo que vai viver mais e apreciar melhor a vida se nunca ouvir o que as pessoas pensam sobre você. E nunca tome isso como pessoal.[8]

)(

Quando alguém está lhe dizendo o que tem de errado em você, a verdade é [que] ele tem uma necessidade que não está sendo atendida. Ouça que ele está sofrendo. Não ouça a análise.[34]

)(

Quando você se expressa e não diz o que quer dos outros, é provável que crie mais sofrimento nas relações do que tem consciência. As pessoas são obrigadas a adivinhar: "Ela quer que eu fale alguma coisa fofa e superficial sobre isso ou está realmente tentando me dizer outra coisa?"[1]

)(

Entender as necessidades do outro não significa que você tem que desistir das suas. Significa demonstrar que você está interessado tanto nas suas necessidades quanto nas dele. Quando a pessoa confia nisso, a probabilidade de todos terem suas necessidades atendidas é muito maior.[11]

)(

Ensinaram às mulheres que, uma vez que se vê a necessidade do outro, é preciso desistir da sua. Então, custa muito ter empatia, porque, uma vez estabelecida a empatia, você está perdida. Como

A essência da comunicação não violenta segundo Marshall B. Rosenberg

pode permanecer conectada com suas necessidades, agora que enxerga quanto isso significa para essa pessoa? Você não consegue ver tudo isso como uma *mitzvah* [consciência da bênção de uma oportunidade de ser útil]; trata-se de uma grande pressão.[16]

✕

É bonito cuidar dos outros, mas precisamos ter certeza de não perder nosso eu no processo.[19]

✕

Como atendo à minha necessidade de ser atencioso, tanto comigo quanto com o outro? Pare e trate de nunca concordar com o que a outra pessoa quer, a menos que seja divertido.[16]

✕

O problema não é você, é que as necessidades dos outros não estão sendo atendidas. Esse é o problema.[22]

✕

Quando você ouve o que a pessoa diz como se significasse que fez algo errado, essa é mais uma violação do outro. Afinal, não só essa pessoa não está recebendo a compreensão de que precisa como agora tem a sensação de que a sinceridade dela cria problemas para você. Vai ser mais difícil para ela ser sincera no futuro se, quando tenta dizer o que está acontecendo com ela, você pensa ter feito algo errado.[1]

✕

Não espero que alguém que foi ferido ouça meu lado até sentir que entendi inteiramente a profundidade de sua dor.[34]

✕

Estar em um relacionamento

Recomendo enfaticamente que, sempre que estiver conversando com alguém em sofrimento que se relacione como você, antes de voltar a si mesmo e expressar o que sente, conte devagar até um milhão. Mas, se não for bom em matemática, existe outra opção, que é a que eu uso: "Quer dizer mais alguma coisa?" Em outras palavras, quando alguém começar a expressar seu sofrimento, antes de desviar o foco da pessoa para si, tenha certeza de que ela terminou de falar. E de que teve toda empatia de que precisava.[19]

)(

Uma girafa nunca tenta resolver a dor de alguém sem um hiato de seis horas, que dá ao outro todo o tempo necessário para ter sua dor inteiramente entendida antes de você tentar resolvê-la.[22]

)(

Quando estamos totalmente presentes para o outro, existe uma energia bonita e extraordinária que age através dos seres humanos e pode resolver tudo. Mas quando nós [...] pensamos que é nossa responsabilidade resolver, bloqueamos essa energia.[30]

)(

Sempre que tenho uma relação de proximidade com alguém, uma das primeiras coisas que quero deixar claro [é] por favor, nunca faça nada por mim. Como você vai saber que está fazendo isso por mim? Vai sentir uma pontada de culpa, medo, ansiedade ou ressentimento. Por favor, só responda às minhas necessidades se isso atender às suas. Pois bem, para um chacal que só responde sim, isso é muito confuso. Contraria inteiramente o conceito que ele tem de amor — negar-se e fazer pelos outros.[13]

)(

As girafas nunca fazem nada pelos outros. Elas vivem de acordo com a filosofia "eu em primeiro e único lugar". Eu me sinto muito seguro para dizer a essas pessoas do que preciso. Se eu disser: "Gostaria que você fizesse isso" a alguém que se coloca sempre em primeiro e único lugar, sei que, se fizer o que eu peço, ela está fazendo por si mesma, porque gosta de me atender. Não vou receber uma conta por isso mais tarde. Mas estive com muitos desses chacais que só dizem sim e recebi as contas posteriormente, sabe como é: "Depois de tudo o que eu fiz por você."[13]

><

Sempre que alguém faz o que pedimos por culpa, vergonha, dever, obrigação, medo de punição — qualquer coisa que for feita com essa energia — vamos pagar por isso. Queremos que as pessoas façam por nós apenas quando estiverem conectadas com aquele tipo de energia divina que existe em todos nós. Energia divina se manifesta para mim pela alegria que sentimos nos entregando uns aos outros.[6]

><

É preciso ser capaz de fazer esses pedidos explícitos, sobretudo quando nossa necessidade de amor não está sendo atendida. Então precisamos ser realmente claros: o que eu quero que a pessoa faça para atender à minha necessidade de amor? Se não conseguimos responder a essa pergunta, não espere que sua necessidade de amor seja atendida. Mas muitos de nós foram educados na escola do amor chacal. É mais ou menos assim: "Se você me amasse de verdade, saberia o que eu quero sem eu ter que dizer!"[19]

><

Acredito ser fundamental estarmos cientes da importância das razões de alguém para que se comporte como pedimos.[5]

Estar em um relacionamento

୬(

Nunca espere sinceridade antes de a pessoa saber que você tem orelhas de girafa.[26]

୬(

Acho que a necessidade de enriquecer a vida é uma das mais básicas e poderosas que todos nós temos. Outra maneira de dizer isso é que precisamos agir a partir da energia divina dentro de nós. E acho que quando "somos" essa energia divina não há nada de que gostemos mais — nada em que encontremos mais alegria — do que enriquecer a vida, usar nosso imenso poder para enriquecer a vida.

Mas sempre que estamos tratando de atender a essa nossa necessidade de "viver" essa energia divina tentando contribuir com a vida, também surge outra necessidade, e um pedido que a acompanha. Temos uma necessidade de informação, e então fazemos um pedido de *feedback* da pessoa cuja vida estamos tentando enriquecer. Queremos saber: "Minha intenção está sendo realizada por minha ação; minha tentativa de contribuir foi bem-sucedida?"

Em nossa cultura, esse pedido é distorcido no nosso pensamento de que temos a "necessidade" de que a pessoa nos ame pelo que fizemos, reconhecer o que fizemos, nos aprovar pelo que fizemos. E isso distorce e estraga a beleza de todo o processo. Não era da aprovação alheia que precisávamos. A intenção era usar nossa energia para enriquecer a vida. Mas precisamos do *feedback*. Se não recebo *feedback,* como saberei se meu esforço foi bem-sucedido?

E posso usar esse *feedback* para saber se estou partindo de energia divina. Sei que estou agindo a partir dela quando sou capaz de dar a uma crítica o mesmo valor que dou a um obrigado.[6]

୬(

A vitalidade da conversa se esvai quando perdemos o vínculo com os sentimentos e as necessidades que geraram as palavras de quem fala e com os pedidos relativos a essas necessidades. Isso é comum quando as pessoas conversam sem ter consciência do que sentem, necessitam ou pedem. Em vez de nos envolvermos numa troca de energia vital com outros seres humanos, percebemos que nos tornamos cestas de lixo de palavras.

Como e quando interromper uma conversa chata e reanimá-la? Sugiro que o melhor momento é quando ouvimos uma palavra a mais do que desejaríamos. Quanto mais esperamos, mais difícil fica ser educado ao decidirmos intervir. Nossa intenção ao interromper não é dominar a conversa, mas ajudar quem fala a se ligar à energia vital por trás das palavras que são ditas.[5]

Autonomia

Esse objetivo de conseguirmos o que queremos das pessoas, ou levá-las a fazer o que queremos que façam, ameaça a autonomia delas, seu direito de escolher o que querem fazer. E sempre que as pessoas sentem que não são livres para escolher o que querem fazer, é provável que resistam, mesmo que vejam propósito no que estamos pedindo e, normalmente, quisessem fazer isso. A necessidade de proteger nossa autonomia é tão forte que, se percebemos que alguém tem essa obstinação, se as pessoas se comportam como se soubessem o que é melhor para nós e não nos deixam escolher como agir, isso estimula nossa resistência.[7]

><

Se qualquer ser humano de qualquer idade pensar que você está focado em um único propósito, provavelmente ele vai resistir. Se não, se fazem o que você quer que façam, é provável que você pague por isso.[10]

Estar em um relacionamento

〉〈

Se vejo o outro como alguém resistente, penso que já perdi a conexão. Nesses momentos, quando as pessoas estão falando de um jeito que eu costumava chamar de resistência [...] ouço isso como um presente. Se escuto com precisão, essa pessoa está me ensinando que necessidades delas terão que ser satisfeitas antes que ela consiga se sentir confortável com o que estou oferecendo.[27]

〉〈

O que eu costumava chamar de resistência, agora vejo como a pessoa me dizendo quais necessidades dela precisam ser abordadas para que nos conectemos.[27]

Por favor e obrigado

Tudo que chega a você de outras pessoas sempre é por favor e obrigado. Essas são as únicas duas coisas que os seres humanos estão sempre dizendo. Por favor e obrigado. E ambas são mensagens preciosas, se você as ouvir com precisão.

O obrigado é uma celebração da vida; a vida foi tornada mais maravilhosa. O por favor é uma oportunidade de tornar a vida mais maravilhosa.[22]

〉〈

Acredito que só existem duas coisas que estamos sempre dizendo, basicamente, como seres humanos: por favor e obrigado. Desse modo, a linguagem da girafa é projetada para tornar nossos "por favores" e "obrigados" muito claros, de forma que as pessoas não ouçam nada que nos impeça de nos entregarmos uns aos outros de coração.[23]

Imagens do inimigo

Quando entendemos as necessidades que motivam nosso comportamento e o dos outros, não temos inimigos.[34]

><

Precisamos nos libertar das imagens do inimigo, do pensamento que diz que há algo errado com as pessoas que compõem essas gangues. Não, isso não é fácil de fazer. É difícil ver que quem está fazendo essas coisas são seres humanos como todos nós. É muito desafiador com gangues, e muitas vezes também é difícil com indivíduos.[8]

><

Quando os dois lados superam as imagens do inimigo e reconhecem as necessidades um do outro, é impressionante como a próxima etapa, que é procurar estratégias para atender às necessidades de todos, se torna bem fácil em comparação às outras. O mais complicado é superar as imagens do inimigo. Trata-se de perceber que não podemos nos beneficiar à custa dos outros. Quando compreendemos isso, até coisas complicadas como brigas de família deixam de ser horríveis de resolver, porque as pessoas passam a se conectar em um nível humano.

A mesma coisa vale para gangues. Os elementos mais comuns encontrados nos conflitos que fui convidado a mediar é que as pessoas, em vez de saber dizer claramente quais são suas necessidades e seus pedidos, são bem eloquentes para diagnosticar a patologia dos outros: o que está errado com eles para que se comportem como se comportam. Sejam dois indivíduos, dois grupos ou dois países em conflito, eles começam a discussão com imagens do inimigo, dizendo ao outro o que está errado com ele. Os tribunais de divórcio — e as bombas — nunca estão longe.[8]

Estar em um relacionamento

><

As imagens do inimigo são o principal motivo pelo qual os conflitos não são resolvidos.[34]

Casamento e intimidade

É mais difícil ter identificação dentro do casamento do que fora dele por causa de todas as coisas malucas que nos ensinaram sobre o que significa um casamento.[23]

><

Se você quer ver [...] o que originalmente é muito bonito se tornando algo feio muito depressa, defina casamento de modo que, uma vez casados, vocês tenham certas obrigações e certos compromissos. Compromissos no sentido de exigências. Isso torna feio algo que, de outra forma, poderia ser feito com alegria.[20]

><

E é por isso que o casamento é um verdadeiro desafio, porque muita gente aprende que amor e casamento significam negar a si mesmo e servir ao outro.[23]

><

Percebo que gosto muito mais da pessoa com quem estou vivendo se não penso nela como "minha esposa", porque na cultura em que cresci, quando alguém diz "minha esposa", começa a pensar nela como um tipo de propriedade.[1]

><

O que você tem medo de me dizer? E o que eu poderia fazer para tornar a vida mais maravilhosa para você? E o que eu fiz que tornou a vida mais maravilhosa para você? Se responder a essas três perguntas, você obterá mais conexão do que muita gente tem em uma vida inteira de intimidade.[12]

✶

Essa é uma das coisas mais frequentes que atrapalham os relacionamentos íntimos: pedir algo que não é factível.[20]

✶

Os homens em todo o planeta — e há exceções para isso — vêm da escola John Wayne de expressão de emoções, da escola Clint Eastwood, da escola Rambo, onde aprenderam meio que a grunhir. E, em vez de dizer com clareza o que está acontecendo em seu interior, eles rotulam as pessoas como John Wayne faria nos filmes ao entrar em uma taverna. Ele nunca disse "estou com medo", nem mesmo quando havia armas apontadas para ele. Podia passar seis meses no deserto, mas nunca disse "estou solitário". Como John se comunicava? Ele se comunicava rotulando as pessoas. É um sistema simples de classificação. Era um homem bom — pague uma bebida para ele — ou um homem mau — mate-o.

Com esse jeito de se comunicar, que foi basicamente como eu fui treinado para me comunicar, não aprendemos a entrar em contato com as emoções. Se você está sendo treinado para ser um guerreiro, é melhor manter os sentimentos longe da consciência. Bem, ser casada com um guerreiro não é uma experiência muito rica para uma mulher que pode ter brincado de bonecas enquanto os homens estavam por aí brincando de guerra. Ela quer intimidade, mas o homem não tem um vocabulário que facilite isso.

Por outro lado, não ensinaram às mulheres a explicitar suas necessidades. Durante vários séculos, elas aprenderam a negar as próprias necessidades e cuidar dos outros. Assim, frequentemente contam com o homem para exercer a liderança e espe-

Estar em um relacionamento

ram que ele adivinhe de algum jeito o que ela necessita e o que quer, e que satisfaça isso, cuide disso. Vejo esses problemas com regularidade, mas como digo, certamente há diversas diferenças individuais.[1]

)(

Quando se tem um conceito de rejeição na consciência, isso dificulta muito a intimidade. Para mim, uma das partes mais importantes de um relacionamento íntimo é receber um *não* como *memnoon* [um pedido que abençoa aquele a quem é feito], como *mitzvah* [a bênção de uma oportunidade para ser útil]. A pessoa está me dando uma oportunidade de atender a uma necessidade dela. Um *não* é sempre a expressão trágica de uma necessidade — trágica se a outra pessoa tem orelhas de chacal e o escuta como uma rejeição. Se temos orelhas de girafa, ele é um presente. Essa pessoa está nos dizendo que necessidade dela está tentando suprir que a impede de atender à nossa. Então isso é um *memnoon*.[20]

)(

É preciso ter um detector embutido no seu relacionamento, de forma que, antes de permitir que o outro supra qualquer uma de suas necessidades, ele tenha que passar pelo seguinte teste: se o que ele está fazendo é motivado apenas por energia *memnoon* [a energia de um pedido que abençoa aquele a quem ele é feito]. Não há nenhum sinal de motivação nele por medo de ser punido se não fizer isso, nem esperança de que você o ame mais se ele fizer — em outras palavras, uma recompensa. Nenhuma culpa. Nenhuma vergonha. Nenhum conceito de dever ou obrigação.[20]

Amor

Talvez seja útil para você saber que a comunicação não violenta surgiu da minha tentativa de entender o conceito de amor e como manifestá-lo, como *fazer* isso. Eu havia chegado à conclusão de que amor não é só algo que sentimos, mas algo que manifestamos, algo que fazemos, algo que temos. E amor é algo que damos: nos entregamos de maneiras específicas. Ele é um presente quando você se revela sem reservas e com sinceridade, a qualquer momento, por nenhum outro propósito além de revelar o que está vivo em você. Não para culpar, criticar ou punir. Só "Aqui estou eu, e aqui está o que eu gostaria. Essa é minha vulnerabilidade neste momento". Para mim, essa entrega é uma manifestação de amor.

Outro jeito de nos entregarmos é por meio de como recebemos a mensagem do outro. É um presente recebê-la com empatia, conectando-se com o que está vivo nela, sem fazer nenhum julgamento. É um presente quando tentamos ouvir o que está vivo em alguém e do que ele gostaria. Assim, a CNV é só uma manifestação do que entendo por amor. Nesse sentido, ela é similar aos conceitos judaico-cristãos de "Ama ao próximo como a ti mesmo" e "Não julgue para não ser julgado".[1]

⊱

O que estou compartilhando com você hoje é o que aprendi sobre o amor — como vivê-lo. É algo que se vive, não apenas sente. Então, eu diria que manifestamos amor na mesma medida em que nos revelamos abertamente sem criticar os outros. E é também como respondemos às mensagens que os outros nos enviam. Desse modo, eu diria que o amor é como nos revelamos, e como recebemos as mensagens de outras pessoas. Esse é o jeito mais poderoso que conheço de suprir as necessidades de amor.[10]

Amor não é negar a si mesmo e fazer pelos outros. Em vez disso, é expressar sinceramente nossos sentimentos e necessidades, sejam quais forem, e receber com empatia os sentimentos e as necessidades do outro.[23]

)(

Amor é uma necessidade muito preciosa. É uma necessidade, uma necessidade central dos seres humanos.[20]

)(

O amor, para mim, é uma necessidade. Isso é bem diferente da definição chacal de amor. Os chacais definem amor como um sentimento. Isso cria grande sofrimento quando chacais e girafas se juntam, a menos que a girafa saiba realmente como lidar com a questão violenta: "Você me ama?" "Chacal, quando você pergunta se o amo, está usando a palavra *amor* como um sentimento? Quer saber se tenho emoções calorosas, ternas, fofas por você?" "Sim!" "Só precisava ter certeza, chacal. Porque as girafas não usam a palavra *amor* como sentimento. Nós a usamos como necessidade. Mas como agora sei que você a usa como sentimento, e consigo entender como isso é importante para você, vou fazer o melhor que puder para responder com sinceridade. Então, por favor, repita a pergunta." "Você me ama?" "Quando?" [risos] "Quando?!" "Chacal, se você usa a palavra como sentimento, saiba que os sentimentos mudam em poucos segundos. Como posso dar uma resposta sincera sem nenhuma referência a um momento e lugar específicos?" "Bom... que tal agora?" "... Não." [risos]. "Mas tente de novo em alguns minutos, nunca se sabe."[12]

)(

A essência da comunicação não violenta segundo Marshall B. Rosenberg

Na cultura em que cresci, o modo como aprendi a definir as ações para suprir essa necessidade de amor era bem repulsivo. Só a música, se você ouvisse a música... "Não sou nada sem você, baby." Era como se o amor quase sempre significasse não ser quem se era. Era preciso se tornar um apêndice escravizado da outra criatura, dependente dela. Dependência misturada com muitas coisas assustadoras. Então, levei um tempo para ter clareza sobre que ações eu quero dos outros para suprir minha necessidade de amor.[20]

✂

Comunicar esse significado de amor incondicional, respeito, aceitação do outro não significa que precisamos gostar do que ele está fazendo. Não significa que devemos ser permissivos e desistir de nossas necessidades e nossos valores. O que isso exige é que, quando as pessoas não fazem o que pedimos, mostremos a elas o mesmo tipo de respeito que quando fazem. Depois de mostrarmos esse tipo de respeito por meio da empatia, dedicando um tempo a entender por que a pessoa não fez o que gostaríamos que fizesse, podemos então pensar em como seria possível influenciá-la para que o faça espontaneamente.

Em alguns casos, quando as pessoas se comportam de um jeito que ameaça seriamente nossas necessidades ou nossa segurança e não há tempo ou capacidade para se comunicar sobre isso, podemos usar até a força. Mas o amor incondicional exige que, seja qual for o comportamento da pessoa, ela confie que vai receber de nós um certo nível de compreensão.[7]

Quatro perguntas

Vou lhes fazer quatro perguntas. Se forem casados ou tiverem parceiros, finjam que estão falando com seu parceiro ou cônjuge.

Estar em um relacionamento

Se quiserem pensar em outro relacionamento, escolham alguém próximo, talvez um bom amigo. Agora, como seu parceiro em CNV, vou fazer as quatro perguntas que interessam profundamente aos falantes de CNV em todos os relacionamentos, mas especialmente nos íntimos. Por favor, anotem suas respostas para cada uma dessas quatro perguntas como se essa outra pessoa as formulasse. Leitor: nós o convidamos a fazer a mesma coisa sozinho em uma folha de papel.

A PRIMEIRA PERGUNTA: você me diria uma coisa que faço, como seu parceiro ou amigo, que torna a vida menos que maravilhosa para você? É que, como adepto da CNV, não quero tomar nenhuma atitude ou dizer coisas que não enriqueçam sua vida. Por isso seria muito útil se, sempre que eu fizer algo que não esteja enriquecendo sua vida, você chame minha atenção para isso. Consegue pensar em uma coisa que faço — ou não faço — que torna a vida menos que maravilhosa para você? Anote uma coisa.

AGORA A SEGUNDA PERGUNTA. Como falante de CNV, não só quero saber o que faço que torna a vida menos que maravilhosa para você; também é importante, para mim, conseguir me conectar com seus sentimentos em cada momento. Para podermos fazer o jogo de nos entregarmos um ao outro de coração, seus sentimentos são cruciais, e preciso ter consciência deles. É empolgante quando estamos em contato com os sentimentos um do outro. Assim, minha segunda pergunta é:

Quando eu faço o que faço, como você se sente?

Escreva como se sente.

VAMOS PASSAR PARA A TERCEIRA PERGUNTA. Como falante de CNV, percebo que a maneira como nos sentimos é fruto das nossas necessidades e do que está acontecendo com elas. Quando nossas necessidades estão sendo atendidas, temos sentimentos que se enquadram na categoria "sentimentos agradáveis": ficamos felizes, satisfeitos, alegres, gloriosos, contentes [...] E, quando nossas necessidades não estão sendo satisfeitas, temos o tipo de sentimento que você acabou de escrever. Assim, esta é a pergunta número três: que necessidades suas não estão sendo atendidas?

Gostaria que me dissesse por que se sente dessa maneira em relação às suas necessidades: "Eu me sinto assim porque gostaria _____ (ou porque esperava, queria, torcia por _____). Escreva do que precisa usando esse formato.

Agora o falante de CNV está empolgado, porque quer passar para a próxima pergunta, que é o centro da vida para todas as pessoas que falam CNV. Mal posso esperar para ouvir a resposta para isso. Todos prontos para a grande pergunta da CNV?

Tenho consciência de que estou fazendo alguma coisa que não enriquece sua vida, e de que você tem certos sentimentos em relação a isso. Você me disse quais necessidades suas não estão sendo atendidas. Agora, por favor, diga o que posso fazer para realizar seus sonhos mais maravilhosos. A CNV tem que ver com isso: o que podemos fazer para enriquecer a vida um do outro?

A CNV tem que ver com comunicar claramente essas quatro coisas à outra pessoa a qualquer momento. É claro, nem sempre a situação está relacionada com necessidades a serem atendidas. Também dizemos "obrigado" na CNV e dizemos às pessoas como elas enriqueceram nossa vida lhes contando as primeiras três coisas. Dizemos (1) o que elas fizeram para nos enriquecer, (2) quais são nossos sentimentos, e (3) que necessidades nossas foram atendidas por suas atitudes.

Acredito que, como seres humanos, basicamente estamos dizendo apenas duas coisas: "por favor" e "obrigado". A linguagem da CNV é projetada para tornar nosso "por favor" e nosso "obrigado" muito claros, de forma que as pessoas não ouçam nada que nos impeça de nos entregarmos uns aos outros de coração.[1]

Ouvir e dizer não

Ouvir não

Um não é sempre uma necessidade e um pedido, se ouvirmos com precisão.[20]

)(

A chave para promover conexão diante de um *não* é sempre um sim para outra coisa. E, como tal, é o começo de uma conversa, não seu fim. Ouça o *sim* por trás do *não*.[34]

)(

Em nosso treinamento de comunicação não violenta, mostramos às pessoas como ouvir o humano atrás do *não*. Ter consciência de que, se ouvimos um *não*, estamos ouvindo muito pouco sobre o que está realmente vivo nessa pessoa neste momento.[32]

)(

Se temos orelhas de girafa, sabemos que um *não* é um presente tão bom quanto um *sim*.[16]

)(

Se a pessoa diz não, com essas orelhas [de girafa] você é incapaz de ouvi-lo. Com essas orelhas, você tem consciência de que um *não* é a expressão pobre de um *sim*.[21]

)(

Cada *não, se* o ouvirmos com precisão, é uma *mitzvah* [consciência da bênção de uma oportunidade de ser útil]. Ele nos diz qual é a necessidade da pessoa. Se não temos orelhas de girafa — se temos orelhas de chacal —, nós o ouvimos como uma rejeição. Ou deduzimos que nossas necessidades não são valorizadas, ou são um fardo.[16]

✂

Enquanto você não ouvir a necessidade por trás do *não*, vai ser difícil encontrar um jeito de atender às necessidades de todo mundo. Por outro lado, quando as necessidades de todo mundo forem expressas e entendidas, o problema vai se resolver.[20]

✂

Ter empatia pelo *não* de alguém nos protege de interpretá-lo como pessoal.[34]

Rejeição

O problema nunca é o *não*. É o que dizemos a nós mesmos quando o outro diz não, esse é o problema. Se dizemos a nós mesmos que se trata de uma rejeição, isso é um problema, porque rejeição machuca.[23]

✂

Por causa da tendência humana para entender como rejeição um *não* ou *não quero* de alguém, é importante conseguir mostrar empatia por essas mensagens. Se as tomarmos como afronta, talvez nos sintamos magoados sem entender o que de fato está ocorrendo com o interlocutor.

Todavia, quando lançamos a luz da consciência sobre os sentimentos e as necessidades por trás do *não* da pessoa, passamos a ter clareza do que ela quer, do que a impede de responder da maneira como gostaríamos.[5]

><

Assim que ponho essas orelhas [de girafa], um milagre acontece: a rejeição desaparece da terra. Nunca ouço um *não*. Nunca ouço um *não quero*. Julgamentos e críticas desaparecem. Tudo que ouço é a verdade, que para um falante de CNV é isto: tudo que as pessoas expressam são seus sentimentos e suas necessidades. As únicas coisas que sempre dizem, independentemente de como se expressam, é como estão e do que gostariam para tornar a vida ainda melhor. Quando alguém diz não, é só um jeito pobre de informar o que realmente quer. Não queremos tornar isso pior ouvindo uma rejeição. Ouvimos o que a pessoa quer.[1]

><

Você só precisa se preocupar com rejeição se pensa que ela existe. Quem usa as orelhas da CNV nunca precisa se preocupar com rejeição. Isso não existe. Se você usa orelhas de CNV, nunca ouve um *não*. Você sabe que um *não* é uma expressão trágica de uma necessidade. Você ouve a necessidade por trás do *não*. Não existe rejeição. Você ouve que necessidade da outra pessoa a impede de dizer sim — isso não é rejeição.[3]

Dizer não

Para dizer "não" na linguagem da girafa, nós nunca usamos as seguintes palavras — "não", seguido de "não quero". Nunca diga "eu não quero". Nunca diga "não estou disposto". Nunca diga "eu não posso". Nunca diga "não tenho tempo" [...] Nunca diga "não é possível".[22]

A maior parte de dizer não a alguém é mostrar uma conexão empática com a necessidade, o que significa que as pessoas sentem que sua necessidade foi recebida como um presente. [...] Você mostra uma conexão empática com as necessidades do outro. Você revela suas necessidades que gostaria de atender no momento, e então termina com um pedido que busca uma maneira de atender às necessidades de todos.[12]

Como dizemos não na linguagem da girafa? Pois bem, o primeiro passo é provavelmente o mais difícil: mostrar com sinceridade no olhar que recebemos um lindo presente nesse pedido. Quando as pessoas acreditam que seu pedido será recebido como um presente, não importa de que outra forma digamos "não", será mais fácil para elas ouvirem. O que é doloroso para o outro não é ouvir "não", é sentir que sua necessidade não importa.[22]

10

Cura e reconciliação

Não queremos depender da disponibilidade do outro para que nossa cura ocorra. Sobretudo se não estiverem mais vivos, se estiverem inacessíveis. Felizmente, podemos nos curar por completo sem que o outro esteja envolvido. [2]

)(

A primeira etapa do processo de cura é proporcionar à pessoa a empatia de que ela precisa. Há três maneiras de fazer isso: você pode oferecê-la como alguém externo à situação; desempenhar o papel da pessoa envolvida; ou fazer que ela esteja presente para oferecê-la pessoalmente.[2]

)(

As pessoas que sentiram muita dor me contaram que alguém lhes disse: "Você deveria ter empatia por quem o magoou. Se tiver empatia, vai se sentir melhor com isso". É verdade que penso que a cura é profunda quando conseguimos ter empatia por aquilo que está acontecendo com aquele que nos violentou, que fez algo prejudicial a nós. Mas pedir isso às pessoas antes que elas tenham a empatia de que necessitam é apenas cometer mais violência contra elas.[2]

✄

Ter empatia por alguém cuja atitude estimulou nosso sofrimento: é muito importante que isso seja feito quando estivermos pronto para sentir empatia.[18]

✄

Trabalho com muitas pessoas que sofreram estresse. E, assim que obtêm a empatia de que precisam, quando estou fazendo o papel da outra pessoa, elas gritam: "Como pôde fazer isso?" Existe uma fome de ter empatia pelo outro. Depois que recebemos a empatia de que precisávamos. Mas tentar chegar a isso cedo demais só piora as coisas.[19]

✄

Em situações de sofrimento, recomendo primeiro obter a empatia necessária para ir além dos pensamentos que nos ocupam a cabeça, de modo que nossas necessidades mais profundas sejam reconhecidas.[5]

✄

A empatia é a parte mais potente da cura.[19]

✄

As pessoas se curam de sua dor quando têm uma conexão empática com outro ser humano.[34]

✄

Em geral, as pessoas superam os efeitos paralisantes da dor psicológica quando têm contato suficiente com alguém que seja capaz de ouvi-las com empatia.[34]

)(

Descobri que a empatia é extremamente poderosa e pode ser concedida de três maneiras. Primeiro, eu posso oferecê-la como eu mesmo, Marshall. Mas percebi, por experiência, que isso é mais poderoso se eu fizer o papel da outra pessoa. E é ainda mais poderoso se eu a tiver aqui, puxá-la pelas orelhas e ajudar ambas a demonstrarem empatia uma pela outra.[19]

)(

Entrar em contato com necessidades não atendidas é importante para o processo de cura.[34]

)(

Às vezes, trabalho com pessoas que foram estupradas ou torturadas; quando o agressor está ausente, eu assumo o papel dele. Muitas vezes, a vítima fica surpresa ao me ouvir dizer na dramatização a mesma coisa que ouviu do seu agressor, e me confronta com a pergunta: "Mas como você sabia?"

Acredito que a resposta seja porque sou essa pessoa. E assim somos todos nós.[5]

Passado *versus* agora

Quanto mais falamos sobre o passado, menos nos curamos dele.[2]

)(

O que precisa ser entendido não são os detalhes do passado. Nossa criatividade está em revelar abertamente o que ainda está vivo em nós neste momento em relação ao passado.[30]

❉

Não podemos mudar o passado. Mas podemos fazer algo para tornar as coisas melhores agora. Porém, quanto mais falamos sobre o passado, menor é a probabilidade de conseguirmos o que queremos agora.[26]

❉

O primeiro estágio de cura implica ter empatia por aquilo que está vivo agora em relação ao que aconteceu.[2]

❉

Assim, se quisermos nos curar ou ajudar alguém a se curar, o primeiro passo é colocar o foco no que está vivo agora, não no que aconteceu no passado. Se houver uma discussão sobre o passado, [que sejam] cinco palavras, não mais que isso. Quando você fugiu de casa, quando você me agrediu, tanto faz. Ok. Chega disso. Agora vamos lidar com o que está vivo em nós em relação a isso.[18]

❉

Aquela dor que ainda está viva por tudo que aconteceu no passado é meio assustadora. Você precisa ir realmente fundo nela para ter a empatia de que precisa. Às vezes, é muito mais fácil continuar contando a história.[30]

❉

O que precisamos fazer quando temos todas essas informações sobre o passado é não ir lá. Lidamos com a cura na comunicação não violenta, com o que está vivo agora como resultado do que aconteceu no passado. Portanto, quanto mais sabemos sobre o que aconteceu no passado, mais difícil é ter empatia, porque passamos para a compreensão intelectual. E isso não cria a conexão empática que a cura exige. É por isso que quanto mais estudamos psicologia, como eu, mais difícil é ter empatia.[19]

)(

Na minha formação em psicanálise, fui treinado para passar um longo tempo explorando com os pacientes o que aconteceu no passado. E agora, nos últimos anos, descobri que chegamos mais longe em 20 minutos falando sobre o que está vivo agora do que em 20 meses falando sobre o que aconteceu no passado.[19]

)(

Descobri que falar sobre o que houve no passado não só não ajuda na cura, como muitas vezes perpetua e aumenta a dor. É como reviver a dor. Isso contraria muito o que me ensinaram na minha formação em psicanálise, mas aprendi ao longo dos anos que curamos falando sobre o que está acontecendo no momento, no agora. Certamente, isso é estimulado pelo passado, e não negamos que o passado afeta o presente, mas não "nos debruçamos" sobre isso.[8]

)(

A maioria das histórias que contamos nos impede de conseguir o que queremos. Especialmente se queremos compreensão para a nossa dor no presente e achamos que temos que contar ao nosso ouvinte o que aconteceu no passado. Quando chegamos à dor atual, eles estão dormindo.[22]

)(

Não precisamos falar sobre o que aconteceu. Precisamos conversar sobre o que está vivo em nós agora, a respeito do que aconteceu. É aí que a cura acontece. É aí que a conexão acontece. Portanto, quanto menos palavras de observação, melhor. O verdadeiro foco da mensagem tem que ser o que está vivo em nós neste momento, os nossos sentimentos e necessidades no presente.[22]

O agora é onde a cura acontece.[19]

Eu gostaria de saber o que aconteceria se fizéssemos filmes ou programas de televisão sobre esse processo, porque percebo que, quando dois indivíduos passam pelo processo enquanto outras pessoas assistem, acontece aquele aprendizado permutável, a cura e a reconciliação. Gostaria de pensar em maneiras de usar a mídia para que grandes grupos de pessoas passassem juntas por esse processo, rapidamente.[6]

Perdão

Quando o perdão está presente, a reconciliação é a parte fácil.[30]

O perdão da girafa é a empatia. Quando você tem empatia por alguém pelo motivo por que essa pessoa fez o que fez, não há nada para perdoar. Você só perdoa quando pensa que o que ela fez foi errado ou ruim.

Porém, se você tiver empatia, verá que, a cada momento, todos os seres humanos estão fazendo o melhor que podem para atender às suas necessidades.[19]

Cura e reconciliação

✂

O perdão, de acordo com a comunicação não violenta, [é] uma consciência de que cada ser humano está fazendo o que está fazendo não por serem bons garotos e garotas ou maus garotos e garotas — isso é o melhor que eles conseguem realizar para atender às suas necessidades naquele momento.[19]

✂

Então, perdão é empatia.[30]

✂

Quando uso a palavra *perdão*, refiro-me a essa bela conexão entre pessoas. Ela ocorre quando um certo nível de empatia se deu entre as partes.[30]

✂

Acredito que, quanto mais você fala sobre o passado, mais ele atrapalha a reconciliação e o perdão.[30]

✂

Autoperdão em CNV: conectar-se com a necessidade que estávamos tentando suprir quando tomamos a atitude de que agora nos arrependemos.[34]

11

Resolução de conflitos

O **respeito é** um elemento fundamental para a resolução de conflitos bem-sucedida.[11]

)(

Falar de paz é uma forma de nos conectarmos com os outros que permite que nossa compaixão natural floresça. Em todo o mundo — de famílias problemáticas a burocracias disfuncionais e países devastados pela guerra —, não encontrei meios mais eficazes de chegar a uma resolução pacífica de conflitos. Na verdade, falar de paz usando a comunicação não violenta traz a promessa de reduzir ou até mesmo eliminar o conflito.[8]

)(

A maioria das tentativas de solução busca uma concessão, o que significa que todos cedem algo e nenhum dos lados se satisfaz. Com a CNV é diferente: temos por objetivo atender plenamente às necessidades de todos.[5]

Muitas mediações que presenciei consistiam em esperar que as pessoas se desgastassem a ponto de aceitar qualquer acordo. Isso é muito diferente de uma solução em que as necessidades de todos são atendidas e ninguém perde nada.[5]

Não buscamos concessões; em vez disso, procuramos resolver o conflito para a completa satisfação de todos.[34]

Para praticar esse processo de resolução de conflitos, precisamos abandonar completamente o objetivo de *fazer as pessoas fazerem o que queremos*.[11]

Quanto mais empatia temos pelos outros, mais seguros nos sentimos.[34]

Minha experiência mostra que, se mantemos o foco nas necessidades, nossos conflitos tendem a uma resolução mutuamente satisfatória. Mantendo o foco nas necessidades, expressamos as nossas, entendemos claramente as dos outros e evitamos qualquer linguagem que sugira erro da outra parte.[11]

Durante várias décadas, usei a comunicação não violenta para resolver conflitos em todo o mundo. Estive com casais, famílias, trabalhadores e empregadores infelizes e também com grupos étnicos em guerra. A experiência me ensinou que é possível resolver praticamente qualquer conflito satisfazendo a todos. Só é preciso

Resolução de conflitos

ter muita paciência, vontade de estabelecer vínculos humanos e a intenção de seguir os princípios da CNV, para então chegar a uma solução e confiar em que o processo funcionará.[5]

)(

Na resolução de conflitos com base na comunicação não violenta, o mais importante é criar um vínculo entre os envolvidos. Isso faz que todas as outras etapas da CNV funcionem, porque só depois de chegar a tal ligação é que cada lado tentará saber exatamente o que o outro sente e necessita. As partes também precisam saber desde o início que o objetivo não é levar a outra a fazer o que querem. E, quando os dois lados entendem isso, torna-se possível — às vezes até fácil — conversar sobre o modo de atender às suas necessidades.[5]

)(

Nos casos em que duas partes em disputa tiveram a oportunidade de expressar plenamente o que observam, sentem, precisam e pedem, e quando cada uma demonstrou empatia pela outra, em geral se pode chegar a uma solução que atenda às necessidades de ambas. No mínimo, os dois lados podem concordar de boa vontade em discordar.[5]

)(

Quando sou chamado para uma resolução de conflito, começo orientando os participantes para um tipo de conexão atenciosa e respeitosa entre eles. Só depois de essa conexão estar presente eu os envolvo na busca de estratégias para resolver o conflito. Nessa altura, não procuramos concessões; em vez disso, procuramos resolver o conflito para a total satisfação de todos. Para praticar esse processo de resolução de conflitos, devemos abandonar completamente o objetivo de *levar as pessoas a fazer o que queremos.*

Ao contrário, nos concentramos em criar condições que permitam *satisfazer as necessidades de todos.*[11]

✳

Quando conseguimos nos conectar no nível da necessidade, quando vemos a humanidade uns dos outros, é incrível como conflitos que parecem insolúveis se tornam solucionáveis. Trabalho muito com pessoas em conflito. Maridos e esposas, pais e filhos, grupos. Muitos desses indivíduos pensam ter um conflito insolúvel. E, ao longo dos anos trabalhando em resolução e mediação de conflitos, tenho me impressionado com o que acontece quando se consegue fazer as pessoas superarem o diagnóstico umas das outras, quando as levamos a se conectarem no nível da necessidade com o que está acontecendo nelas: conflitos que pareciam impossíveis de resolver se resolvem quase sozinhos.[6]

✳

Infelizmente, descobri que pouquíssimas pessoas são letradas em expressão de necessidades. Ao contrário, foram treinadas para criticar, insultar e se comunicar de outras formas que criam distância entre os seres humanos. O resultado disso é que, mesmo em conflitos para os quais existem soluções, estas não são encontradas. E em vez de ambas as partes expressarem suas necessidades e compreenderem as necessidades do outro, os dois lados jogam o jogo de quem está certo. É mais provável que esse jogo termine em várias formas de violência verbal, psicológica ou física do que na resolução pacífica de diferenças.[11]

✳

Muitos têm grande dificuldade de expressar as próprias necessidades — a sociedade nos ensinou a criticar, xingar e, ainda, a nos comunicarmos de modo desagregador. Em um conflito, ambos os

Resolução de conflitos

lados costumam gastar muito tempo tentando provar que estão certos, em vez de prestar atenção às próprias necessidades e às do outro. E esses conflitos verbais podem facilmente se transformar em violência — e até mesmo em guerra.[5]

)(

No momento em que qualquer uma das partes se ouvir criticada, diagnosticada ou interpretada intelectualmente, prevejo que sua energia se voltará para a autodefesa e as contra-acusações, em vez de ser usada para resoluções que satisfaçam às necessidades de todos.[11]

)(

Com o passar dos anos, quanto mais experiência ganhei mediando conflitos e quanto mais vi o que leva famílias a discutir e países a guerrear, mais me convenci de que a maioria das crianças em idade escolar poderia resolver conflitos. Eles seriam solucionados facilmente se pudéssemos apenas dizer: "Estas são as necessidades de ambos os lados; estes são os recursos. O que se pode fazer para atender a elas?" Em vez disso, nosso pensamento se concentra em nos aviltarmos com rótulos e julgamentos, até que se torna bem difícil de resolver até o mais simples dos conflitos. A CNV nos ajuda a fugir dessa armadilha, aumentando, assim, as chances de obter uma solução satisfatória.[5]

)(

Essa capacidade de entender as necessidades alheias é crucial na mediação de conflitos. Somos capazes de ajudar quando entendemos as necessidades dos dois lados, expressamos isso em palavras e então auxiliamos cada lado a ouvir as necessidades do outro. Isso cria um tipo de conexão que leva o conflito a uma resolução bem-sucedida.[11]

É importante evitar a pressa na transição para as estratégias, pois isso pode resultar num compromisso sem a profundidade de uma solução autêntica. Ao entenderem as necessidades do outro antes de abordar soluções, as partes em conflito têm probabilidade bem maior de aderir aos acordos. O processo deve terminar com ações que atendam às necessidades de todos. Trata-se de apresentar estratégias em linguagem positiva de ação, clara e no presente, que leve à solução do conflito.[5]

✕

Depois de termos ajudado as partes num conflito a expressar as suas necessidades e se conectar com as necessidades dos outros, sugiro que passemos à busca de estratégias que satisfaçam às necessidades de todos. De acordo com minha experiência, se avançarmos depressa demais para as estratégias, poderemos chegar a um meio-termo, mas não teremos o mesmo nível de resolução. Se compreendermos completamente as necessidades antes de avançarmos para as soluções propostas, aumentamos a probabilidade de que ambas as partes cumpram o acordo.

É claro que não basta apenas ajudar cada lado a entender do que o outro lado precisa. Devemos terminar com ação, ação que satisfaça as necessidades de todos. Isso requer que sejamos capazes de expressar claramente as estratégias propostas numa linguagem de ação presente e positiva.[11]

✕

Quanto mais somos capazes de ser específicos sobre que resposta desejamos *agora*, mais depressa os conflitos evoluem para a resolução.[11]

✕

Ao **expressarmos nossos** pedidos, é crucial respeitar a reação do outro, independentemente de ele concordar com o pedido. Uma das mensagens mais importantes que outro ser humano pode nos dar é "não" ou "não quero". Se ouvimos bem essa mensagem, ela nos ajuda a compreender as necessidades alheias. Se ouvirmos as necessidades alheias, veremos que cada vez que a pessoa diz "não", ela está dizendo que tem uma necessidade que não é atendida por nossa estratégia, o que a impede de dizer "sim". Se pudermos nos ensinar a ouvir a necessidade por trás desse "não", encontraremos uma abertura para atender às necessidades de todos.

É claro que se ouvirmos o "não" como uma rejeição, ou se começarmos a culpar a outra parte por dizer "não", dificilmente encontraremos uma maneira de atender às necessidades de todos. É fundamental que, ao longo do processo, mantenhamos a atenção de todos focada nesse objetivo.

Sou muito otimista em relação ao que acontece em qualquer conflito se criarmos esse tipo de conexão. Se cada parte num conflito for específica sobre o que necessita e ouvir as necessidades da outra parte, se as pessoas expressarem suas estratégias numa linguagem de ação clara, mesmo que as outras digam "não", o foco volta a ser a satisfação das *necessidades*. Se todos fizermos isso, encontraremos facilmente estratégias que atendam às necessidades de todos.[11]

><

Os conflitos, mesmo os de longa duração, podem ser resolvidos se conseguirmos manter o fluxo de comunicação em que as pessoas saem da cabeça e param de criticar e analisar umas às outras. Em vez disso, entram em contato com suas necessidades, ouvem as necessidades dos outros e percebem a interdependência que todos temos uns com os outros. Não podemos vencer à custa de outros seres humanos. Só conseguiremos ficar plenamente sa-

A essência da comunicação não violenta segundo Marshall B. Rosenberg

tisfeitos quando as necessidades alheias forem satisfeitas, assim como as nossas.[34]

)(

Transforme em seu objetivo atender às suas necessidades subjacentes e buscar uma resolução tão satisfatória que todos os envolvidos também tenham suas necessidades atendidas.[34]

)(

A coisa mais poderosa que podemos fazer para iniciar um diálogo com alguém com quem temos um conflito é nos comunicarmos de um jeito em que ele não sinta absolutamente nenhuma crítica pelo que está fazendo. Nosso objetivo é criar um tipo de conexão (empática) que permita que as necessidades de todos sejam atendidas. Usamos a comunicação não violenta para ouvir o que a pessoa sente e precisa. Sintonizamos com a mensagem que está sendo transmitida por sua comunicação verbal e não verbal. Com a CNV, ouvimos cada mensagem como expressão de um sentimento e de uma necessidade. A comunicação não violenta também exige consciência da diferença entre o uso *protetivo* da força e o uso *punitivo* da força. Precisamos ter claro que tudo que dizemos não se destina a punir — que nossa intenção é proteger. Em vez de negar a escolha da pessoa, dizemos que escolha vamos exercer. Expressamos nossas necessidades na forma de pedidos específicos e presentes. Elogios, reconhecimento e expressões de gratidão são frequentemente ouvidos como julgamentos. Para criar o tipo de conexão que é o nosso objetivo, é superimportante que as pessoas ouçam o nosso agradecimento e as nossas mensagens de angústia. Muitas vezes, é proveitoso verificar com elas se a mensagem transmitida foi a recebida. E por fim, ainda mais que suas palavras, sua presença é o presente mais precioso que você pode dar a outro ser humano.[10]

12

Parentalidade

Sempre digo aos pais com quem estou trabalhando que o inferno é ter filhos e acreditar que existe essa coisa de bons pais.[7]

)(

Ofereço-lhe aquele conselho tranquilizador que minha filha me deu, o de que ninguém é perfeito, para lembrar que tudo que vale a pena ser feito vale a pena ser malfeito. E criar filhos é, sem dúvida, um trabalho que vale muito a pena ser feito, mas às vezes o faremos malfeito. Se formos agressivos conosco quando não formos pais perfeitos, nossos filhos sofrerão por isso.[7]

)(

Se toda vez que somos menos que perfeitos nos culpamos e nos atacamos, nossos filhos não vão se beneficiar com isso. Portanto, o objetivo que sugiro não é sermos pais perfeitos, mas sim nos tornarmos pais cada vez menos ignorantes — aprendendo com cada momento que não somos capazes de dar aos nossos filhos o tipo de compreensão de que eles precisam, que não somos capazes de nos expressar sinceramente. Na minha experiência, cada um desses momentos significa que não estamos recebendo o apoio emocional de que precisamos como pais a fim de dar aos nossos filhos aquilo que eles necessitam.[7]

)(

Quando eu era um pai chacal, ficava todo confuso com alguns conceitos centrais. Por exemplo, confundia respeito pela autoridade com medo da autoridade. Confundia disciplina e autodisciplina com obediência. Estava sempre dizendo que queria ensinar autodisciplina a meus filhos, mas confundia isso com obediência.[23]

)(

Tendo sido educado, como fui, para pensar na parentalidade, eu achava que era função dos pais fazer os filhos se comportarem. Veja, uma vez que você se define como uma autoridade, um professor ou pai, na cultura em que fui educado, você considera sua responsabilidade fazer as pessoas que rotula de "crianças" ou "alunos" se comportarem de certa maneira.

Agora vejo que esse é um objetivo autodestrutivo, porque aprendi que sempre que o nosso objetivo é fazer alguém se comportar de determinada maneira, as pessoas provavelmente resistirão, independentemente do que estivermos pedindo. Isso vale para qualquer pessoa, tenha ela 2 ou 92 anos de idade.[7]

)(

Serei eternamente grato aos meus filhos por me ensinarem as limitações do objetivo de obrigar os outros a fazerem o que você quer. Eles me ensinaram que, antes de tudo, eu não poderia obrigá-los a fazer o que quero. Eu não conseguia obrigá-los a fazer nada. Não conseguia fazê-los guardar um brinquedo no armário. Não

Parentalidade

conseguia fazê-los arrumar a cama. Não conseguia fazê-los comer. Essa foi uma lição bem humilhante para mim: como pai, aprender sobre minha impotência, porque em algum momento eu coloquei na cabeça que era função de um pai fazer um filho se comportar. E ali estavam essas crianças me ensinando essa lição humilhante, de que eu não poderia obrigá-las a fazer nada. [...] Tudo que estava ao meu alcance era fazê-los desejar ter feito o que eu mandei.

E sempre que eu era tolo o bastante para fazer isso, ou seja, para fazê-los desejar ter me obedecido, eles me ensinavam uma segunda lição sobre parentalidade e poder, que se mostrou muito valiosa para mim ao longo dos anos. E essa lição é a que sempre que eu os fizesse desejar ter me obedecido, eles me fariam desejar não os ter feito desejar ter me obedecido. Violência gera violência.[7]

>¢

Veja, é isto que você tem que transmitir: amor incondicional. Não que você seja mais amado quando ajuda do que quando não ajuda. Não que você seja mais amado quando escova os dentes do que quando não escova. Você tem um certo tipo de conexão que está ali, independentemente de viver de acordo com meus padrões. Amor incondicional.[13]

>¢

Precisamos ser capazes de dizer às crianças se o que estão fazendo está em harmonia com as nossas necessidades ou em conflito com elas, mas de uma forma que não estimule nela culpa nem vergonha.[7]

>¢

Muitas vezes, as pessoas podem confundir o que estou dizendo com permissividade ou não dar às crianças a orientação de que elas precisam, em vez de entenderem que se trata de um tipo di-

A essência da comunicação não violenta segundo Marshall B. Rosenberg

ferente de orientação. É uma orientação que vem de duas partes confiando uma na outra, não de uma parte forçando sua autoridade sobre a outra.[7]

✂

Trabalhei com algumas culturas em que crianças de 3 e 4 anos fazem o trabalho de muitos adultos. Muito bem. Porque elas realmente percebem que estão contribuindo para a família. Realmente entendem o que a família precisa que elas façam. Agora você vai para a classe média nos Estados Unidos e pergunta aos pais: "Por que vocês querem que as crianças façam isso?" "Bem, eles precisam aprender alguma responsabilidade." Mas é uma coisa meio inventada [...] eles tentam designar tarefas, mas isso não tem o mesmo significado para a criança. Ou a indução de culpa é usada para tentar convencê-los a fazer o que foi ordenado. [...] Você pode ter uma criança que não tem trabalho nenhum a fazer resistindo, sabe, em comparação a crianças de 3 e 4 anos, em outra cultura, que estão fazendo o dobro de trabalho e gostando disso. Mas tudo tem que ver com a forma como apresentamos isso a eles.[13]

✂

O medo de punição física obscurece a consciência da criança da compaixão que permeia as exigências dos pais.[34]

✂

No uso punitivo da força, o algoz faz um julgamento moralista do outro, um julgamento que implica algum tipo de erro que merece punição. A pessoa merece sofrer pelo que fez. Essa é a ideia de punição. Resulta dessas ideias que os seres humanos são basicamente criaturas pecaminosas e más e que o processo de correção é torná-los penitentes. Precisamos fazê-los ver quanto são terríveis por fazerem o que estão fazendo. E a forma como os tornamos pe-

Parentalidade

nitentes é usando alguma forma de punição para fazê-los sofrer. Às vezes, pode ser castigo físico na forma de palmadas, ou castigo psicológico na forma de uma tentativa de fazê-los se odiarem, induzindo-os a se sentir culpados ou envergonhados. O pensamento por trás do uso protetivo da força é radicalmente diferente. Não há consciência de que o outro é mau ou merece punição. A consciência está totalmente focada em nossas necessidades. Temos consciência de que necessidade nossa está em perigo. Mas não estamos de forma alguma insinuando maldade ou erro da criança.[7]

⋈

Como fazemos as crianças pararem de mentir? Eu tenho uma resposta fácil, mas os pais nunca gostam dela. Digo para pararem de culpar e punir. Assim não haverá mentira. Mentir é adaptativo em uma estrutura punitiva. Você é um tolo por dizer a verdade em uma estrutura punitiva.[22]

⋈

Uma das coisas que considero muito importantes para preparar nossos filhos é lhes ensinar a manter a própria integridade, o próprio sistema de valores, mesmo que estejam em estruturas que tenham valores diferentes dos deles.[31]

⋈

Eu era muito bom com meus filhos nestas condições: tinha uma hora de empatia antes de falar com eles, conversava com eles por cinco minutos e depois mais uma hora de empatia, então voltava para mais cinco minutos. Estou exagerando para criar um pouco de humor, mas na verdade, para ser pai da maneira que eu desejava, eu precisava de uma comunidade de apoio. Porque esse é um trabalho importante, e que trabalho queremos fazer melhor do que esse?[18]

)(

Só podemos realmente nos entregar de uma maneira amorosa na medida em que recebemos amor e compreensão semelhantes. É por isso que recomendo fortemente que tentemos criar uma comunidade de apoio entre nossos amigos e outras pessoas, que possam nos dar a compreensão de que precisamos para estarmos presentes para nossos filhos de uma maneira que seja boa para eles e para nós.[7]

)(

Prefiro ir com calma e agir com uma energia pensada na comunicação com os meus filhos em vez de responder habitualmente da forma como me ensinaram a fazer — que em geral não está de verdade em harmonia com meus valores. Infelizmente, muitas vezes recebemos muito mais reforço daqueles que nos rodeiam por agirmos de maneira punitiva e crítica do que por agirmos de modo respeitoso com nossos filhos.[7]

Parte V

CNV na sociedade

"Comunicação não violenta é poder *com* pessoas."[21]

13

Poder e punição

Poder-sobre ou poder-com

Comunicação não violenta é poder *com* pessoas.[21]

)(

A comunicação não violenta oferece às pessoas que vivem em sistemas de dominação uma forma de pensar e se comunicar que, tenho certeza, tornaria a vida delas muito mais maravilhosa. Podemos mostrar um jogo que é bem mais divertido de jogar do que dominar outras pessoas e criar guerras. Realmente, existe uma maneira muito mais agradável de viver![8]

)(

Nunca dê às pessoas, ou às instituições em que vivemos, o poder de fazer você se submeter ou se rebelar.[10]

)(

A essência da comunicação não violenta segundo Marshall B. Rosenberg

Nunca podemos obrigar alguém a fazer qualquer coisa contra a própria vontade sem que haja consequências enormes.[34]

><

Sempre que nosso objetivo é fazer alguém parar de fazer alguma coisa, perdemos poder.[8]

><

Poder-sobre leva a punição e violência. Poder-com leva a compaixão e compreensão, e a aprendizado motivado por reverência pela vida, jamais por medo, culpa, vergonha ou raiva.[34]

><

A comunicação não violenta é baseada num conceito de poder: poder com as pessoas. Queremos que elas façam coisas porque percebem como isso vai enriquecer a vida. Isso é poder-*com* — quando temos a capacidade de motivar os indivíduos de dentro para fora. Em oposição, o poder-*sobre* os leva a fazer coisas devido ao medo do que faremos se eles não cumprirem nossas exigências, ou de como os recompensaremos se as cumprirem.

Meus filhos me ensinaram desde muito cedo o perigo das táticas de poder-*sobre*. Uma das primeiras coisas que me ensinaram é que eu não poderia obrigá-los a fazer nada. É impossível explicar como essa lição foi útil. De alguma forma, em minha formação de chacal, pus na cabeça que era função de um professor ou de um pai levar as pessoas a fazerem o que é certo. Mas ali estava aquela criança de 2 anos me ensinando que, independentemente do que eu pensava, não poderia obrigá-los a fazer nada. Tudo que eu poderia fazer era fazê-los desejar ter feito.

E então eles me ensinaram uma segunda lição sobre poder. Sempre que eu os fazia desejar terem feito o que mandei, eles me faziam desejar não os ter feito desejar terem feito o que mandei.

Dito de forma mais simples: violência gera violência. Sempre que eu usasse a violência para conseguir o que queria, pagaria por isso.[10]

※

Uma distinção final que precisamos esclarecer é o conceito de poder-sobre em oposição a poder-com. O poder sobre os outros realiza coisas fazendo as pessoas se submeterem. Você pode punir ou recompensar. Isso é poder-*sobre*. É um poder muito fraco, porque você precisa pagar por isso. A pesquisa mostra que as empresas, famílias ou escolas que utilizam táticas de poder-sobre pagam indiretamente por isso por intermédio de problemas morais, violência e ações sutis contra o sistema.

Poder-*com* é levar as pessoas a fazerem coisas de boa vontade, porque elas percebem como isso enriquecerá o bem-estar de todos. Isso é comunicação não violenta. Uma das formas mais poderosas que descobrimos de criar poder *com* as pessoas é demonstrar quanto estamos interessados em suas necessidades e nas nossas.

Criamos mais poder *com* as pessoas na medida em que avaliamos de forma sincera e vulnerável, sem críticas. Os seres humanos se preocupam muito mais com o nosso bem-estar quando partilhamos o poder em vez de dizer o que há de errado com eles.[8]

※

Obtemos esse tipo de poder, poder *com* as pessoas, sendo capazes de comunicar abertamente nossos sentimentos e necessidades sem criticar de forma alguma o outro. Fazemos isso oferecendo a ele o que gostaríamos de receber dele, de uma forma que não seja considerada exigente ou ameaçadora. E, como eu disse, também é preciso ouvir de fato o que as outras pessoas estão tentando comunicar, mostrando uma compreensão precisa em vez de intervir rapidamente e dar conselhos, ou tentar consertar as coisas.[7]

Na **raiz de** cada crise de birra ou disputa de poder há necessidades não atendidas.[34]

)(

A palavra "obediência" descreve como, às vezes, escolhemos fazer o que as autoridades pedem porque percebemos que isso é útil à vida. E eu não chamaria isso de "obediência à autoridade". Diria que escolho fazer o que a autoridade diz porque isso está em harmonia com minhas necessidades.[3]

)(

Quando as regras são estabelecidas pelas pessoas que serão afetadas por elas, e não transmitidas unilateralmente por determinada autoridade, e todos percebem que a intenção é proteger e não punir, é mais provável que essas regras sejam respeitadas. Isso é verdade independentemente da idade das pessoas.[4]

)(

Quanto nos preocupa acreditar que precisamos ter medo do que poderiam dizer ou pensar de nós? Ao fazer isso, estamos entregando nosso poder aos outros. Tentei mostrar que precisamos nos preocupar com a forma como respondemos às pessoas, e não com o que elas pensam de nós.[31]

Punição e recompensa

A punição é a raiz da violência em nosso planeta.[34]

)(

Use a punição se você quer criar um mundo pior. Puna as crianças, apoie governos que punem criminosos.[29]

)(

A violência deriva da crença de que os outros causam nossa dor e, portanto, merecem punição.[34]

)(

A punição também implica atribuir rótulos e retirar privilégios. [34]

)(

Culpar e punir os outros são expressões superficiais de raiva.[34]

)(

Fomos educados para pensar em termos de recompensas e punição, em vez de pensar no que está vivo em nós e o que tornaria a vida mais maravilhosa.[8]

)(

Existem culturas inteiras que nunca foram educadas para usar punição. [...] Elas não sabem o que isso significa. Isso não existe. [...] Se um membro da aldeia mata ou estupra alguém, não se supõe que o mal está vindo à tona e que o indivíduo deve ser punido por isso. É: "Meu Deus, essa pessoa deve ter esquecido o que lhe traz mais satisfação. Qual é a melhor alternativa? Todos sabemos que é contribuir para o bem-estar uns dos outros. Ela deve ter esquecido." Então, eles a colocam a pessoa no meio do círculo e passam o dia todo lembrando a ela todas as coisas que ela fez e enriqueceu a vida de outrem.[24]

)(

Se acreditamos na história que nos contaram — a de que os seres humanos são basicamente maus e egoístas até serem esmagados ou controlados por forças virtuosas —, adquirimos o poder de punir aqueles rotulados como maus e recompensar aqueles que são bons.[3]

 ✄

Aprendi que é muito mais natural para as pessoas se conectarem de maneira amorosa e respeitosa, e fazer as coisas por alegria mútua, em vez de usar punição e recompensa, ou culpa e vergonha, como meios de coerção. No entanto, uma transformação desse tipo requer bastante consciência e esforço.[7]

 ✄

Com ouvidos de CNV, nunca ouvimos o que a pessoa não quer. Tentamos ajudá-la a deixar claro o que ela quer. Ser específico apenas sobre o que não queremos é um fenômeno perigoso. Isso nos coloca em todos os tipos de confusão.

Quando temos clareza sobre o que queremos do outro, sobretudo quando temos claro que motivos queremos que eles tenham para fazer algo, entendemos que nunca conseguiremos satisfazer nossas necessidades por meio de nenhum tipo de ameaça ou medida punitiva. Se somos pais, professores ou o que for, nunca teremos nossas necessidades atendidas com punição. Ninguém com um mínimo de consciência vai querer que alguém faça algo por nós por medo, culpa ou vergonha. Compreender a CNV nos permite enxergar o futuro e perceber que, sempre que alguém faz algo por medo, culpa ou vergonha, todos perdem.[1]

 ✄

A punição em uma cultura chacal é sempre virtuosa. Ninguém diz: "Vou punir você porque fiquei furioso". Isso seria mais sincero.

Não, numa cultura chacal eu só castigo você porque o amo. Isso é doloroso. [...] Punir as pessoas em nome da virtude é perigoso.[23]

✕

Quanto mais punimos a pessoa, mais violenta ela se torna. Assim, se realmente quero que essa pessoa se comporte de forma menos violenta, a última coisa a fazer é puni-la utilizando violência. Mas também não quero ser permissivo, porque não fazer nada aumenta a violência. Portanto, permissividade e punição aumentam a violência.[14]

✕

Dar a alguém uma opção de ser útil à vida de boa vontade é uma motivação muito mais poderosa que recompensa ou punição. Só precisamos usar punição e recompensa para oprimir as pessoas — quando o que se pede a elas não é útil à vida, mas aos acionistas.[26]

✕

Assim, se você deseja educar as pessoas para serem indivíduos bons, "mortos", em estruturas hierárquicas, é extremamente importante lhes ensinar que punição e recompensa são justificadas.[3]

✕

Recompensas e punições não são necessárias quando as pessoas percebem como seus esforços estão contribuindo para o bem-estar delas próprias e dos outros. [4]

✕

Quando nos submetemos a algo apenas com o objetivo de evitar uma punição, desviamos a atenção do valor da ação. Passamos a nos concentrar nas consequências possíveis se deixarmos de fazer aquilo.[5]

Duas perguntas que revelam os limites da punição

Vamos nos esforçar para que não haja punição a partir de agora. Em nosso planeta, a punição está na raiz da violência. Existem formas de manter regras e regulamentos sociais que não envolvem qualquer tipo de punição. Se fizermos duas perguntas a nós mesmos, perceberemos que o castigo nunca funciona.

Primeira pergunta: o que queremos que a outra pessoa faça? Pois bem, se fazemos só essa pergunta, podemos argumentar a favor da punição. Você provavelmente é capaz de pensar em ocasiões nas quais sabe que alguém foi influenciado a fazer algo sendo punido pelo que fez ou por uma ameaça de punição. Porém, quando acrescentamos a segunda pergunta, entendemos que a punição nunca funciona.

Qual é a segunda pergunta? Quais queremos que sejam os motivos da outra pessoa para fazer o que pedimos?[10]

※

A maioria das pessoas criadas em nossa cultura não consegue imaginar como seria um mundo sem punição. Elas têm imagens horríveis de anarquia, caos, um mundo onde nada seria feito. Trata-se de um conceito difícil de abandonar, até que essas duas questões sejam de fato esclarecidas. Muitas vezes, quem não as esclarece acaba pensando que a punição funciona — quando, na verdade, não funciona.[10]

※

Acredito que, se fizermos a nós mesmos duas perguntas, perceberemos que a punição nunca conseguirá realmente satisfazer nossas necessidades de forma construtiva. A primeira pergunta é: *o que queremos que a pessoa faça de diferente do que está fazendo agora?* Se fizermos só essa pergunta, às vezes a punição parece funcio-

Poder e punição

nar, porque é possível fazer uma criança deixar de bater na irmã se a punirmos por bater. Digo *parece funcionar* porque, muitas vezes, o próprio ato de punir o outro pelo que faz estimula tamanho antagonismo que ele continua com a mesma atitude por ressentimento ou raiva. Continua fazendo isso por mais tempo do que teria feito caso não houvesse punição.

Porém, se adicionarmos uma segunda pergunta, tenho certeza de que veremos que a punição nunca funciona no sentido de satisfazer às nossas necessidades, por motivos dos quais não nos arrependeremos mais tarde. A segunda pergunta é: *quais queremos que sejam as razões da pessoa para fazer o que queremos que faça?* Quando fizermos essa pergunta, acho que veremos que nunca queremos que as pessoas façam coisas por medo de punição. Não queremos que elas façam coisas por obrigação ou dever, ou por culpa ou vergonha, ou para comprar amor. Com alguma consciência, estou confiante de que cada um de nós vai perceber que só queremos que o outro faça coisas se for de boa vontade, porque percebe claramente como isso vai enriquecer a vida. Qualquer outro motivo provavelmente criará condições que dificultarão que, no futuro, os indivíduos se comportem de maneira compassiva uns com as outros.[9]

Recompensa

Acredito que há um problema com recompensas e consequências porque, em longo prazo, elas raramente funcionam como esperamos. Na verdade, é provável que o tiro saia pela culatra.[34]

※

Elogios e recompensas criam um sistema de motivações extrínsecas para o comportamento. As crianças (e os adultos) acabam agindo para receber elogios ou recompensas.[34]

A essência da comunicação não violenta segundo Marshall B. Rosenberg

✕

Gostaria de sugerir que a recompensa é tão coercitiva quanto a punição. Nos dois casos, exercemos poder *sobre* as pessoas, controlando o ambiente de uma forma que tenta forçá-las a se comportarem como queremos. Nesse aspecto, a recompensa sai do mesmo modo de pensar que a punição.[7]

✕

Inúmeras pessoas acreditam que é mais humano usar a recompensa do que a punição. Mas vejo a ambas como poder *sobre* as pessoas, e a comunicação não violenta é baseada no poder *com* as pessoas. E, no poder *com* as pessoas, tentamos ter influência não por fazer alguém sofrer se não fizer o que queremos, ou por recompensá-lo se o fizer.

O poder é baseado na confiança e no respeito mútuos, que predispõem os indivíduos a se ouvirem, a aprender uns com os outros e a se entregar uns aos outros de forma voluntária — pelo desejo de contribuir para o bem-estar mútuo, não por medo de punição ou esperança de recompensa.[7]

Justiça restaurativa

Espero que agora todos estejam conscientes do fracasso das estruturas punitivas que fazem parte do nosso sistema judicial. É necessário que haja uma transição da justiça retributiva para a justiça restaurativa.[8]

✕

Queremos restaurar a situação substituindo a educação que levou essa pessoa a se comportar como se comportou por uma que a ajude a contribuir para o bem-estar dos outros, em vez de fazer coisas que criam sofrimento.[31]

Poder e punição

><

O que fazer se estivermos perto de pessoas que se comportam de maneiras que consideramos repugnantes, até mesmo assustadoras? Como mudamos esses indivíduos ou os fazemos mudar? É aqui que realmente precisamos aprender a aplicar a justiça restaurativa. Precisamos aprender a não punir as pessoas quando não gostamos de seu comportamento. Como eu disse, a punição é um jogo perdido. Queremos que as pessoas mudem de comportamento não porque serão punidas se continuarem, mas por verem outras opções que melhor atendam às suas necessidades com um custo menor.[8]

Uso protetivo da força

O uso punitivo da força tende a gerar hostilidade e reforçar a resistência ao comportamento que buscamos.[34]

><

A meta por trás do uso protetivo da força é prevenir danos, nunca punir ou fazer que alguém sofra, se arrependa ou mude.[34]

><

Quando empregamos o uso protetivo da força, nós nos concentramos na vida ou nos direitos que desejamos proteger, sem julgarmos nem a pessoa, nem seu comportamento.[5]

><

As girafas sabem a diferença entre o uso protetivo da força e seu uso punitivo. Posso pegar uma criança e segurá-la. Isso é uso protetivo da força; não ajo assim para puni-la. Faço isso para proteger alguém da violência. Sou capaz de agir assim sem bater nela.[14]

A essência da comunicação não violenta segundo Marshall B. Rosenberg

)(

A intenção do uso protetor da força é evitar danos ou injustiças. A intenção do uso punitivo da força é fazer os indivíduos sofrerem por seus erros.[5]

)(

Uma maneira de diferenciar o uso protetivo do seu uso punitivo é examinar o que aquele que usa a força está pensando. Quem utiliza o uso protetivo da força não está julgando as pessoas de maneira moralista. Em vez disso, seu pensamento se volta para proteger o próprio bem-estar e/ou o dos outros.[4]

)(

No uso punitivo da força, nosso objetivo é gerar dor e sofrimento no outro, fazê-lo se arrepender do que fez. No uso protetivo da força, nossa intenção é apenas proteger. Protegemos nossas necessidades e, depois, teremos a comunicação necessária para educar a pessoa.[7]

)(

Um jeito de lembrar o propósito do uso protetivo da força é pensar na diferença entre controlar a criança e controlar o ambiente. Na punição, tentamos controlar a criança fazendo que ela se sinta mal pelo que fez, gerar vergonha, culpa ou medo em consequência do que fez. No uso protetivo da força, nossa intenção não é controlar a criança; é controlar o ambiente. Proteger nossas necessidades até que possamos estabelecer com o outro o tipo de comunicação que é realmente necessária.[7]

)(

A suposição por trás do uso protetivo da força é que algumas pessoas se comportam de modo prejudicial a si mesmas e aos outros,

Poder e punição

em razão de alguma forma de ignorância. Assim, o processo corretivo volta-se para a educação, não para a punição.

A ignorância abrange (1) a inconsciência das consequências das ações, (2) a incapacidade de perceber que as necessidades pessoais podem ser atendidas sem prejudicar os outros, (3) a crença de que se tem o direito de punir ou ferir os outros porque eles "merecem" e (4) delírios que envolvam, por exemplo, ouvir uma voz que manda matar alguém.[5]

)(

O uso protetivo da força baseia-se na suposição de que as pessoas fazem coisas que prejudicam a si mesmas e/ou aos outros por ignorância. Ignorância por não perceber como as próprias ações estão afetando os outros; ignorância sobre como satisfazer as próprias necessidades sem violar as dos outros; ou a ignorância culturalmente aprendida que justifica violar as necessidades alheias (por exemplo, justificar a crença de que outros merecem sofrer pelo que fizeram).

Outra forma de diferenciar o uso protetivo do uso punitivo da força é examinar a intenção daquele que usa a força. A intenção de quem faz uso protetivo da força é evitar danos ou violação dos direitos de alguém.[4]

)(

Vamos estabelecer limites. Isso é muito importante, mas não [apenas] para as crianças. Para qualquer ser humano. Se um ser humano viola uma necessidade sua e não se dispõe a negociar, diga a ele o que você vai fazer. E faça. Faça uso protetivo da força. Mas faça isso com todo mundo. Não pense que é só com crianças. Todos nós precisamos de clareza.[22]

14

Aprendizagem que serve à vida

Como aprender

Não aprendi nada quando me disseram o que sou.[5]

><

Cada vez que faço algo que não atende às minhas necessidades, quero usar isso como uma oportunidade para crescer e aprender. [...] O principal a fazer é ter claro qual é a nova opção.[22]

><

Estou interessado no aprendizado motivado pela reverência pela vida, pelo desejo de aprender habilidades, de aprender coisas novas que nos ajudem a contribuir para o nosso bem-estar e o bem-estar dos outros. E o que me enche de tristeza é qualquer aprendizado que seja motivado pela coerção.[10]

><

O aprendizado é precioso demais para ser motivado por táticas coercivas.[34]

‫✄‬

Qualquer aprendizado que advenha de se culpar sai muito caro. Porque agora podemos desenvolver uma maneira melhor de lidar com uma situação, mas se chegamos lá nos culpando contaminamos a consciência da nossa energia divina. Somos energia divina. Não queremos jamais perder a consciência de que somos energia divina.[12]

‫✄‬

Se o modo como nos avaliamos nos faz sentir vergonha e, em consequência, mudar de comportamento, permitimos que nosso crescimento e nosso aprendizado sejam dirigidos pelo ódio próprio. A vergonha é uma forma de ódio por si mesmo, e as atitudes tomadas em reação à vergonha não são livres nem cheias de alegria. Mesmo que o objetivo seja o de nos comportarmos com mais afabilidade e sensibilidade, se os interlocutores sentirem a vergonha ou a culpa por trás do que fazemos será menos provável sua aprovação do que se formos motivados apenas pelo desejo humano de contribuir para a vida.[5]

‫✄‬

Usamos a CNV para nos avaliar de formas que promovam crescimento, e não ódio por nós mesmos.[34]

‫✄‬

Às vezes nos comportamos de uma maneira que não atende às nossas necessidades. Então, queremos aprender com isso sem perder a conexão com a consciência da nossa energia divina. Portanto, isso exige que aprendamos a nos enlutar quando não satisfazemos

Aprendizagem que serve à vida

as nossas necessidades, sem nos culparmos. Sem pensar que há algo de errado conosco. Não há nada de errado conosco. Nunca houve, nunca haverá. Fizemos algumas coisas que não teríamos feito se soubéssemos o que estamos aprendendo agora.[12]

✳

Precisamos aprender, mas sem nos odiar. A aprendizagem que ocorre por culpa ou vergonha custa caro. Agora é tarde demais para desfazer esse aprendizado. Temos isso dentro de nós. Fomos treinados para nos educar com julgamentos violentos.

Mostramos em nosso treinamento como se controlar quando você está falando consigo mesmo dessa maneira e como trazer esses julgamentos à luz, ver o que está dizendo a si mesmo. Você percebe que esta é sua maneira de se educar: xingar a si mesmo, pensar no que há de errado com você. Em seguida, mostramos como olhar além desses julgamentos e ver a necessidade que está na raiz deles. Ou seja, que necessidade sua não foi atendida pelo comportamento?[8]

✳

É trágico ficarmos enredados no ódio por nós mesmos, em vez de nos beneficiarmos dos erros, que mostram nossas limitações e nos conduzem ao crescimento.[5]

✳

Quando cometemos erros, podemos usar o processo de luto e autoperdão da CNV para mostrar a nós mesmos onde podemos crescer, em vez de sermos pegos em autojulgamentos moralistas.[34]

✳

A grande maioria das pessoas que chamamos de mentalmente enfermas são simplesmente "bem-educadas" para pensar e se comunicar de uma maneira que causa nelas grande desconforto psicológico. Isso não significa que estejam doentes; significa que aprenderam formas de pensar e se comunicar que tornam a vida bastante infeliz.

Portanto, nosso primeiro passo para ajudar as pessoas é mostrar a elas como aprender com seus erros sem perder o autorrespeito. Ou, como digo à minha maneira de Detroit, como gostar de pisar na bola.[8]

※

Pratique como gostaria de responder de maneira diferente, depois tenha empatia por si mesmo. O que o impede de fazer isso? É assim que você celebra os erros. Você aprende sem se odiar.[31]

※

A utilização mais crucial da CNV talvez esteja no modo como nos tratamos. Quando cometemos erros, podemos utilizar o processo de luto e perdão da CNV para mostrar onde podemos crescer, em vez de nos enredarmos em juízos morais a nosso respeito. Ao avaliarmos o comportamento pessoal tendo em vista as próprias necessidades não atendidas, o ímpeto para a mudança surge não da vergonha, da culpa, da raiva ou da depressão, mas de nosso desejo genuíno de contribuir para o bem-estar próprio e o dos outros.

Também cultivamos a autocompaixão ao preferirmos conscientemente no cotidiano agir apenas a serviço de nossos valores e necessidades, e não por obrigação, por compensações externas ou para afastar a culpa, a vergonha e a punição. Se revirmos as ações não prazerosas às quais costumamos sujeitar-nos e substituirmos "tenho que fazer" por "prefiro fazer", descobriremos mais prazer e integridade na vida.[5]

※

Aprendizagem que serve à vida

Quando nos comunicamos continuamente com nós mesmos por meio de críticas, acusações e exigências internas, não surpreende que nossa autoimagem corresponda ao sentimento de que somos mais parecidos com uma cadeira do que com um ser humano. Uma premissa da CNV é que, ao julgarmos que alguém está errado ou agindo mal, o que realmente dizemos é que essa pessoa não se harmoniza com nossas necessidades. Se por acaso julgamos a nós mesmos, o que dizemos é: "Eu mesmo não estou harmonizado com minhas necessidades". Convenci-me de que é mais provável aprendermos algo se passarmos a nos avaliar em razão do atendimento ou não de nossas necessidades e em que grau.

Assim, quando fazemos algo pouco enaltecedor, o desafio é nos autoavaliarmos a cada momento, de modo que nos inspiremos a mudar (1) na direção em que gostaríamos de ir e (2) por respeito e compaixão por nós mesmos, e não por ódio, culpa ou vergonha.[5]

><

Um aspecto importante da autocompaixão é sermos capazes de ter empatia pelos dois lados de nós mesmos: o que se arrepende de uma ação e o que executou aquela ação. Os processos de luto e autoperdão nos libertam no sentido do aprendizado e do crescimento. Ligando-nos a cada momento às nossas necessidades, aumentamos nossa capacidade criativa de agirmos em harmonia com elas.[5]

><

O que precisamos fazer para ajudar a pessoa a aprender de maneira diferente? Observar como a estamos educando e garantir que a estamos educando para que perceba que o nosso bem-estar é o mesmo, que nunca poderemos satisfazer as nossas necessidades à custa dos outros.[31]

><

Nosso chacal mais feio e irritante é nosso melhor guru. É que temos mais a ganhar, mais a aprender com aqueles cuja beleza não podemos ver do que com qualquer outra pessoa. Eles são nossos melhores professores.[22]

Desculpas

Um pedido de desculpas que resulta de você pensar que fez algo errado não vai ser bom nem para você, nem para a outra pessoa.[33]

✂

Nem por um segundo queremos pensar que fazemos algo errado; é impossível. Você não pode fazer nada errado. Mesmo que tente, não pode fazer nada de errado. Você não atendeu às próprias necessidades de ser sensível. Então, desse tipo de luto surge o aprendizado sem ódio a si mesmo. Mas o pedido de desculpas, seja qual for o aprendizado que aconteça, traz de forma subjacente a mácula do ódio por si mesmo.[16]

✂

Vamos olhar mais de perto para a diferença entre o luto e um pedido de desculpas. O pedido de desculpas é baseado no julgamento moralista de que o que fiz foi errado e devo sofrer por isso, até mesmo me odiar pelo que fiz. Isso é radicalmente diferente do luto, que não se baseia em julgamentos moralistas, mas em julgamentos úteis à vida. Atendi às minhas necessidades? Não. Então que necessidade eu não atendi?[2]

✂

A desculpa é basicamente parte da nossa linguagem violenta. Implica erro — que você deveria ser culpado, que deveria ser peni-

Aprendizagem que serve à vida

tente, que é uma pessoa terrível pelo que fez — e, quando você concorda que é uma pessoa horrível e se tornou suficientemente penitente, pode ser perdoado. *Desculpar-se* faz parte desse jogo. Se você se odeia o bastante, pode ser perdoado.

Em oposição a isso, o que realmente nos cura não é esse jogo em que concordamos que somos terríveis, mas sim olhar para dentro de nós e ver que necessidade nossa não foi atendida pelo comportamento. E, quando estamos em contato com isso, sentimos um tipo diferente de sofrimento. É um sofrimento natural, um tipo de sofrimento que leva ao aprendizado e à cura, não ao ódio a nós mesmos, não à culpa.[8]

><

Em geral, as pessoas pensam que querem um pedido de desculpas ou vingança. A sua verdadeira necessidade é de empatia pelo seu sofrimento. Ainda não conheci alguém que tenha empatia real por seu sofrimento e ainda almeje um pedido de desculpas.[22]

><

Na maior parte do tempo, pedimos desculpas ao outro, mas nem sequer sentimos empatia por ele primeiro. Não percebemos que, quando começamos a nos desculpar à maneira chacal antes mesmo de termos demonstrado empatia pelo sofrimento alheio, nos desculpamos para obter perdão para nós mesmos, piorando a situação do outro.[30]

><

Nenhum pedido de desculpas, em qualquer forma, é confiável até sentirmos que a pessoa empatizou conosco primeiro. Caso contrário, é só um ritual concebido por ela para que seja perdoada.[30]

><

Quando falamos a linguagem da girafa, não vivemos no mundo do certo e do errado. Fazemos o que diz o poeta Rumi: que há um lugar além do certo e do errado — "Encontro você lá". É nesse mundo de acertos e erros que toda a violência é criada. O pedido de desculpas faz parte desse jogo. Porém, lamento se percebo que meu comportamento não enriquece a vida. Eu me enluto. Mas esse é um mundo radicalmente diferente daquele do certo e errado.[26]

Luto e celebração

Para a girafa, a vida é celebração constante. Ou estamos celebrando como a vida foi enriquecida, ou como pode ser. É que tudo que a girafa gosta de fazer é brincar.[22]

><

Muitas pessoas têm dificuldade para comemorar o que fazem. Foram programadas para pensar em como poderiam ter feito melhor.[27]

><

Tudo que cada ser humano já fez foi por propósitos sagrados, para tornar a vida mais maravilhosa. Mas, às vezes, nossas ações atendem às nossas necessidades de tornar a vida mais maravilhosa, às vezes não. Precisamos celebrar quando acontece e enlutar-nos quando não acontece. Qualquer tipo de culpa atribuída a si mesmo vai interferir no aprendizado.[22]

><

Acredito que as duas coisas que precisamos fazer bem, aquelas para as quais a comunicação não violenta foi projetada para nos ajudar, são enlutar-nos e celebrar. Quando fizemos algo que enriquece a vida, como nos conectarmos de verdade com a forma como nossas necessidades foram atendidas e sentir os bons sentimentos que resultam disso. Celebrar a vida é muito importante. E o outro lado é tão importante quanto — quando fizemos algo que não enriqueceu a vida, sentir a dor que vem naturalmente da necessidade que não foi atendida.[19]

ᚷ

Se queremos aprender com nossas limitações sem perder o autorrespeito, é fundamental aprendermos a nos enlutar sem culpa.[19]

ᚷ

Quando entramos em contato com necessidades que não foram atendidas por nosso comportamento, chamo isso de luto — luto por nossas ações. Mas é um luto sem culpa, um luto sem pensar que há algo de errado conosco por fazer o que fizemos.[8]

ᚷ

De certa forma, o luto é uma celebração, um despertar para a vida. É ver como ela não foi atendida, mas isso significa que é uma possibilidade de servi-la melhor. É aí que entra o aprendizado.[15]

ᚷ

Enlutar-nos por nossas limitações como seres humanos. Muitas vezes, nos comportamos de maneiras que não atendem às nossas necessidades. Precisamos aprender a aprofundar isso; não ter medo de enfrentar a profundidade do sofrimento. Mas devemos tomar cuidado para não ficar presos a julgamentos dispersos, como: "O que há de errado comigo para sempre fazer isso?" Esse tipo de pensamento estático bloqueia o fluxo natural.[18]

ᚷ

A verdade é que você tinha uma necessidade que não foi atendida por esse comportamento. E ouvir essa necessidade que estou prevendo provavelmente o levará a satisfazê-la de outras maneiras mais eficazes e menos custosas do que pensar que você fez algo errado. Isso é luto de girafa. Especialmente se pudermos combinar o luto com o próximo passo, que é ter empatia pela parte de você que fez aquilo. Que necessidades estavam sendo atendidas quando agiu assim?[15]

><

Pedi às pessoas que se culpam pelos erros que cometeram para entrarem em contato com essa sensação e depois a compararem com a sensação do luto, que, em vez de pensar que o que você fez é errado, apenas esclarece qual necessidade não foi atendida e como você se sente em relação a isso. Fico surpreso com a frequência com que as pessoas usam a palavra *doce* para identificar a dor quando estamos totalmente conectados à necessidade não atendida. E isso é luto. O que fiz não atendeu à minha necessidade e, em consequência, eu sinto isso. Essa é uma dor doce se comparada a: "Como pude fazer uma coisa tão idiota, o que há de errado comigo?"[19]

><

Quando fazemos algo de que não gostamos, o primeiro passo é nos enlutar, ter autoempatia pela necessidade que não foi atendida. E muitas vezes teremos que fazer isso "ouvindo" os julgamentos que fomos programados para fazer. Dessa forma, podemos realmente fazer bom uso da nossa depressão, culpa e vergonha. Podemos usar esses sentimentos como um despertador para nos acordar para o fato de que, neste momento, não estamos verdadeiramente ligados à vida — vida definida como estar em contato com nossas necessidades. Estamos em nossa cabeça jogando jogos violentos conosco, nos xingando.

Aprendizagem que serve à vida

Se conseguimos aprender a nos conectar empaticamente com a nossa necessidade não atendida e depois olhar para a parte do nosso eu que estava tentando atendê-la, estamos mais bem preparados para ver o que está vivo em nós e nos outros — e tomar as medidas necessárias para tornar a vida mais maravilhosa. Em geral, é difícil conectar-se empaticamente com essa necessidade. Se olhamos para dentro e dizemos o que estava acontecendo conosco quando agimos daquela forma, muitas vezes dizemos coisas como: "Eu tive que fazer aquilo; não tive escolha". Isso nunca é verdade! Nós sempre temos escolha. Não fazemos nada que não escolhemos fazer. Escolhemos nos comportar dessa maneira para atender a uma necessidade. Uma parte fundamental da CNV é esse reconhecimento da escolha a cada momento, de que a cada momento escolhemos fazer o que fazemos e não fazemos nada que não resulte de escolha. Além disso, cada escolha está a serviço de uma necessidade. É assim que a CNV funciona dentro de nós.[8]*

〉〈

Depois de uma vida inteira de educação formal e convívio social, talvez seja tarde demais para a maioria treinar a mente a pensar só no que necessitamos e valorizamos a cada momento. Porém, assim como aprendemos a traduzir críticas quando conversamos com os outros, podemos aprender a reconhecer quando o diálogo interno se baseia em julgamentos e mudar o foco da atenção para nossas necessidades intrínsecas.[5]

〉〈

Na CNV, o processo de luto nos ajuda a ter uma ligação plena com as necessidades não satisfeitas e com os sentimentos gerados quando não atingimos a perfeição. É uma experiência de arrepen-

* Ver nota na p. 82.

A essência da comunicação não violenta segundo Marshall B. Rosenberg

dimento, mas um arrependimento que nos ajuda a aprender com o que fizemos, sem culpa nem ódio. Vemos que nosso comportamento foi contrário a nossos valores e necessidades, e nos abrimos a sentimentos que provêm dessa consciência. Quando a consciência enfoca o que necessitamos de fato, somos naturalmente impelidos a agir em busca de possibilidades mais criativas para atender à necessidade. Ao contrário, os juízos morais que usamos ao nos culparmos tendem a ocultar as possibilidades e perpetuar um estado de autopunição.[5]

✕

Passamos do processo de luto para o do perdão a nós mesmos. Voltando a atenção para aquela nossa parte que preferiu agir daquela maneira, ocasionando a situação atual, nós nos questionamos: "Quando me comportei daquela maneira de que me arrependo agora, qual das minhas necessidades eu tentava atender?" Acredito que os seres humanos sempre agem de acordo com necessidades e valores. Isso vale mesmo que o ato atenda ou não atenda à necessidade e mesmo que acabemos comemorando o ato ou nos arrependamos dele.

Quando atentamos para nós mesmos com empatia, conseguimos também atentar para as necessidades inerentes. O autoperdão ocorre no momento em que ocorre essa ligação empática. Então, somos capazes de reconhecer que nossa escolha foi uma tentativa de servir à vida, ainda que o processo de luto tenha mostrado que ela não atendeu às nossas necessidades.[5]

✕

Quando tomo consciência das necessidades e não penso no que há de errado comigo, é muito mais provável que eu atenda às minhas necessidades. Mas se eu pensar que sou basicamente um idiota por não atender melhor às necessidades da minha esposa,

Aprendizagem que serve à vida

continuarei me comportando como um idiota. O que você vê é o que você obtém. Se eu vejo as outras pessoas como egoístas, não espere que eu aja para com elas de uma forma que as faça gostar de se entregarem. Mas se me enluto, é muito mais provável que eu descubra maneiras de satisfazer minhas necessidades, porque minha consciência está nas necessidades que não estão sendo atendidas, e não no que há de errado comigo.[12]

15

Educar nossas crianças

Fomos educados para trabalhar por recompensas externas, não para ver se o que estamos fazendo é útil à vida.[22]

)(

Infelizmente, fomos educados por autoridades — professores, pais etc. — que usaram a culpa para nos mobilizar a fazer o que eles queriam.[8]

Escolarização

O problema das pessoas que estão em contato com suas necessidades é que elas não viram bons escravos. Frequentei escolas durante 21 anos e não me lembro de alguma vez me terem perguntado quais eram as minhas necessidades.

Minha educação não se concentrou em me ajudar a estar mais vivo, mais em contato comigo mesmo e com os outros. O objetivo era me recompensar por dar respostas corretas conforme definido pelas autoridades.[8]

✕

As escolas dos Estados Unidos, no entanto, estão fazendo o que foram criadas para fazer: apoiar o comportamento de gangue. Que gangue? Nesse caso, a gangue da estrutura econômica, aqueles que controlam nossos negócios. Eles controlam nossas escolas e têm três objetivos históricos:

Primeiro, ensinar às pessoas a obediência à autoridade para que, quando forem contratadas, cumpram ordens.

Segundo, fazer as pessoas trabalharem por recompensas externas. Querem que elas aprendam não a enriquecer a própria vida, mas a receber notas e a ser recompensadas com um emprego mais bem remunerado no futuro. Se você faz parte de uma gangue que deseja contratar pessoas para lançar um produto ou serviço que não serve à vida (mas gera muito dinheiro para os donos dessa gangue), você quer trabalhadores que não se perguntem: "Este produto que estamos produzindo de fato serve à vida?" Não, você só quer que eles façam o que for mandado e trabalhem por um salário.

[O historiador da educação Michael B.] Katz diz que a terceira função das nossas escolas — e isso realmente dificulta uma transformação duradoura — é que elas fazem um bom trabalho em manter um sistema de castas e fazê-lo parecer uma democracia.[8]

✕

Lecionar em uma escola pública é como ser vendedor de carros; se esse vendedor não vender nada, você manda embora o cliente. Não é assim nas escolas? Se o professor não fizer seu trabalho, o aluno será culpado. O aluno aprende devagar, o aluno é bipolar, esse aluno tem transtorno de déficit de atenção, essa pessoa é cul-

Educar nossas crianças

turalmente carente, essa pessoa é isso, essa é aquilo. Sempre mandamos o cliente embora.[18]

)(

A linguagem é uma maneira crucial de moldar a mente das pessoas. É possível controlar o que pensam, em grande medida, pela linguagem que se põe na cabeça delas. Assim, é muito importante que algumas das primeiras palavras que você quer que os indivíduos ouçam sejam *bom, ruim, certo, errado, normal, anormal, deveria, não deveria, poderia* e *não poderia*. Se você quer que as pessoas sejam controláveis pela autoridade, a unidade fundamental da educação é a linguagem.[3]

)(

Como acontece com todas as interações que enriquecem a vida, o que torna a resolução mútua é a consciência do professor de que o objetivo não é levar o aluno a fazer o que ele quer, mas criar um tipo de conexão que permitirá que ambos tenham suas necessidades atendidas.[4]

)(

Quando temos nossa consciência muito focada no que os outros podem pensar de nós, e no que pensamos de nós mesmos se cometemos erros, qualquer tipo de aprendizagem é assustador. É por isso que cerca de 15% dos estudantes seguem a filosofia de que não se pode cair da cama dormindo no chão. Muitos daqueles que chamamos de fracassados têm tanto medo de não fazer as coisas direito que é mais fácil e seguro não fazer nada.[4]

)(

Por isso, quando treinamos as pessoas para ouvir críticas e julgamentos negativos, qualquer tipo de aprendizado é tão divertido quanto uma consulta prolongada ao dentista. Ouvir críticas no que as pessoas dizem, ou preocupar-se com o que elas pensam de você — se é inteligente ou burro, certo ou errado — tem efeitos terríveis na maneira como nos vemos. Não nos vemos como belos. Somos incapazes de fazê-lo.

A escolarização nos ensina — e me ensinou — a desumanizar os seres humanos pensando no *que* eles são. E por isso tenho trabalhado muito para desenvolver essa outra linguagem que me ajuda a permanecer conectado com a beleza das pessoas.[10]

Educação que enriquece a vida

Reconhecemos que uma verdadeira reforma educacional é essencial para que as crianças de hoje e de amanhã vivam num mundo mais pacífico, justo e sustentável.[34]

⸭

Embora o caminho para a inovação educacional não seja fácil, eu o considero uma forma poderosa de alcançar a paz neste planeta. Se as gerações futuras puderem ser educadas em escolas estruturadas para valorizar as necessidades de todos, acredito que serão mais capazes de criar famílias, locais de trabalho e governos que enriqueçam a vida.[4]

⸭

Estou interessado no aprendizado motivado pela reverência pela vida, pelo desejo de aprender habilidades, de aprender coisas novas que nos ajudem a contribuir para o nosso bem-estar e o bem-estar dos outros. E o que me enche de tristeza é qualquer aprendizado que seja motivado pela coerção. Por coerção quero dizer o seguinte: qualquer aluno que esteja aprendendo alguma coisa por medo de

Educar nossas crianças

punição, por desejo de recompensa na forma de notas, para escapar da culpa ou da vergonha, por alguma vaga noção de "tem que" ou "deve" ou "deveria". Creio que o aprendizado é precioso demais para ser motivado por qualquer uma dessas táticas coercitivas.[10]

)(

Usando habilidades de comunicação não violenta, perguntando constantemente aos alunos, professores, administradores e a nós mesmos "O que você está sentindo e do que precisa?", podemos realmente atender às necessidades de todos. O objetivo já não será apenas reduzir a violência e o vandalismo, manter as crianças na escola o maior tempo possível, obter pontuações mais altas que as crianças do estado vizinho nos testes de proficiência, colocar mais jovens na faculdade do que no ano passado ou melhorar o desempenho de nossos alunos nas provas finais.

Os alunos e os professores já não terão apenas duas opções: submeter-se ou rebelar-se. Quando só há um objetivo — satisfazer as necessidades de todos —, as salas de aula e as escolas podem ser transformadas. Porque o que descobrimos é que as necessidades de todos são iguais.[4]

)(

Eu gostaria de educar esta e as futuras gerações de crianças para que criem organizações cujo objetivo seja satisfazer as necessidades humanas — tornar a vida mais maravilhosa para si e para os outros. Chamo o processo de educação capaz de alcançar esse objetivo de educação que enriquece a vida. Chamo seu oposto de educação de dominação.[4]

)(

Quando temos consciência do poder dos sistemas de dominação, é mais fácil ver que uma transformação para sistemas que enriquecem a vida oferece uma oportunidade melhor para satisfazer as necessidades de todos os nossos cidadãos. [...] A partir dessa consciência, podemos usar a educação dos nossos filhos como um ponto de partida.[4]

〢

Educação que enriquece a vida: uma educação que prepara as crianças para que aprendam ao longo da vida, relacionem-se bem com os outros e consigo mesmas, sejam criativas, flexíveis e empreendedoras e tenham empatia não só pelos mais próximos, mas por toda a humanidade.[34]

〢

Salas de aula e escolas que enriquecem a vida tendem a enfrentar dificuldades nos sistemas escolares cujo objetivo, infelizmente, não as apoia. Em qualquer sistema de dominação, o objetivo, involuntariamente ou não, é perpetuar o *status quo* — um sistema econômico no qual algumas poucas pessoas conservam riqueza e privilégios, enquanto outras permanecem na pobreza ou à beira dela.

Esses sistemas não vão dar uma resposta positiva, em longo prazo, ao tipo de inovação educacional que proponho. Talvez seja possível lançar novos programas educativos, mas, a menos que organizemos equipes constantes de pessoas para sustentá-los, logo as escolas provavelmente voltarão às estruturas e aos procedimentos originais.[4]

〢

A educação pública há algum tempo tem se concentrado intensamente nos currículos que acreditamos que serão úteis para os alunos. A educação que enriquece a vida baseia-se na premissa de que as relações dos alunos com os professores, com seus pares e com aquilo que estão aprendendo são igualmente importantes para prepará-los para o futuro.

As crianças precisam de muito mais do que habilidades básicas de leitura, escrita e matemática, por mais importantes que sejam. Elas também precisam aprender a pensar por si mesmas, a encontrar significado naquilo que aprendem e a trabalhar e viver juntas. Professores, gestores e pais sairão da educação que enriquece a vida com competências linguísticas, de comunicação, e maneiras de estruturar o ambiente de aprendizagem que apoiem o desenvolvimento de autonomia e interdependência em sala de aula.[4]

><

Como professores, podemos preparar os alunos para participarem e criarem organizações que enriquecem a vida falando uma linguagem que nos permita uma conexão de verdade uns com os outros, a cada instante. Eu chamo essa linguagem de comunicação não violenta.

Ao falar essa língua, tornamo-nos capazes de transformar professores e alunos em parceiros, dar aos alunos as ferramentas para que resolvam disputas sem brigas, construir pontes entre antigos adversários, como pais e conselhos escolares, e contribuir para o nosso próprio bem-estar e o dos outros.[4]

><

A linguagem de escolha é inerente à comunicação não violenta. Para ser consciente, não faça nada que você não escolha fazer, não escolha fazer nada que não seja útil à vida. Não faça nada por recompensa, não faça nada para escapar de punição, não faça nada por culpa, por vergonha, por dever, por obrigação. Queremos que qualquer coisa feita na escola seja por opção, porque os alunos percebem como isso vai enriquecer a vida.[18]

A essência da comunicação não violenta segundo Marshall B. Rosenberg

)(

A primeira coisa que fazemos é ensinar esses alunos a trabalhar por motivos intrínsecos, não extrínsecos. Se você não entende como algo vai enriquecer sua vida, por que fazer? Se você não vê como isso vai ser útil à vida, por que fazer?[18]

)(

Hoje estou propondo que nunca avaliemos o desempenho de um aluno usando a linguagem do chacal. Como professores, eliminemos as seguintes palavras da nossa consciência: *certo, errado, bom, mau, correto, incorreto, aluno lento, aluno rápido*. Essa é uma linguagem perigosa.[10]

)(

A culpa é uma forma de violência — conforme defino violência. Nas escolas de comunicação não violenta que criamos em diferentes países, não permitimos a punição pela culpa. Essas são táticas vetadas para resolver quaisquer diferenças. Punição, recompensa, culpa.[10]

)(

Alunos educados em um ambiente livre de julgamento aprendem porque desejam, não para ganhar recompensas ou evitar julgamentos moralistas ou punições. Todo professor conhece, ou pelo menos consegue imaginar, a alegria de ensinar um aluno que realmente deseja aprender — uma experiência muito rara.[4]

)(

Os alunos recebem experiências de aprendizagem poderosas a partir de como suas salas de aula e escolas são organizadas. A organização de salas de aula e escolas pode apoiar a aprendizagem necessária para que eles desenvolvam e mantenham estruturas que apoiem a interdependência ou estruturas que apoiem a competição e a dominação.

A educação que enriquece a vida estrutura a escola como uma comunidade na qual cada aluno está igualmente preocupado com contribuir para que outros alcancem seus objetivos de aprendizagem e com alcançar os próprios objetivos.[4]

)(

Escolas e salas de aula nas quais comunidades interdependentes de aprendizagem prosperam costumam incentivar os alunos que alcançam determinados objetivos a ajudar outros que também querem fazê-lo.[4]

)(

Acredito que a apatia característica de muitas salas de aula pode ser atribuída, em grande parte, à falta de comprometimento dos alunos com os objetivos pelos quais estão trabalhando. Na verdade, como foi mencionado, em muitos casos os estudantes nem sequer têm clareza de quais são eles. Psicólogos organizacionais documentaram o grau em que o moral e a produtividade estão relacionados ao comprometimento com os objetivos. Acredito que seja um erro iniciar qualquer curso de instrução antes que o professor esteja convencido de que cada aluno está comprometido com o objetivo proposto. Quando os alunos estão ativamente comprometidos com os objetivos, também vejo que os problemas disciplinares se reduzem sobremaneira. Quanto mais os objetivos do estudante e do professor coincidem, menos problemas de controle eu antecipo.[4]

)(

Para maximizar o compromisso dos alunos com os objetivos, os professores não só devem estar sinceramente conscientes de que os objetivos recomendados são de uma natureza que enriquece a vida como também precisam ser capazes de comunicar como os objetivos vão enriquecer a vida dos alunos.

Se e quando os alunos não estão dispostos a perseguir determinados objetivos, o professor precisa dessas competências de comunicação para ajudá-los a compreender as razões dessa falta de vontade, para que possa determinar se existem formas de tornar os objetivos mais atrativos; ou, por meio dessa compreensão, o professor pode perceber que outros objetivos seriam melhores para os alunos, em vez daqueles originalmente defendidos por ele.[4]

✕

Depois que professor e alunos estabeleceram mutuamente objetivos de aprendizagem, o professor trabalha com os alunos para obter as informações e os materiais de que eles precisam para cumprir com sucesso os objetivos. O ideal é que os materiais sempre possam ser usados pelos alunos com autonomia. Isso requer que o educador identifique as competências ou os conceitos que são pré-requisitos e constituem a prontidão dos alunos para começarem a trabalhar por seus objetivos.[4]

✕

Ensinamos aos professores este estilo de liderança: o líder é servo. Sem punição, sem recompensa, sem notas. As provas são realizadas, mas os avaliados não são os alunos. São os professores que fazem as provas. Assim, por exemplo, se sou professor e lhe ofereço alguma coisa, como posso saber se fiz bem o meu trabalho sem submetê-lo a um teste? Então, eu lhe aplico o teste para saber se fiz bem meu trabalho, não para avaliar e classificar você.[18]

✕

Educar nossas crianças

Nos programas educacionais que enriquecem a vida, aplicam-se provas para determinar se os objetivos foram alcançados ou não e, se não foram, as provas fornecem informações sobre o que o aluno ainda precisa realizar. As provas não são aplicadas no final do ano letivo apenas para determinar as notas.

O relatório sobre o progresso de um aluno numa sala de aula da educação que enriquece a vida é feito por meio da descrição das competências que ele desenvolveu. [...] Não há atribuição de notas em programas educacionais que enriquecem a vida. Em vez disso, são apresentados relatórios sobre o que os alunos são capazes de fazer no final do período de aprendizagem e não conseguiam fazer no início.[4]

><

Na educação que enriquece a vida, quaisquer regras e regulamentos necessários para manter a ordem são decididos pelo diálogo entre equipe e alunos — que trabalham em conjunto, respeitando as necessidades de todos. Esse processo não implica que ninguém ceda, desista ou faça concessões.

Para manter a ordem e resolver conflitos dessa forma, é preciso que equipe e alunos sejam competentes em habilidades de comunicação não violenta. Ambos precisam ser instruídos a se conectarem com os sentimentos e necessidades uns dos outros. Depois que esse tipo de conexão é alcançada, os dois lados se dedicam à resolução de problemas para encontrar ações que possam ser desenvolvidas e satisfaçam as necessidades de todas as partes.

É importante que, antes de concordar com essas ações, o indivíduo verifique internamente se está motivado a agir com o único propósito de satisfazer necessidades, sem nenhum vestígio de que tenha feito algo para evitar punição, culpa ou vergonha. Ele também não gostaria de agir por dever ou obrigação, ou para obter uma boa nota ou qualquer outra recompensa externa.[4]

✄

Em nossas escolas girafa, há uma coisa que gostaríamos de ensinar aos alunos, se não houver nenhuma outra mensagem: estejam suficientemente conectados à sua espiritualidade para não permitirem que as estruturas determinem seu comportamento.[29]

✄

Há muitos recursos em nossa sociedade que apoiam os indivíduos em seus esforços para transformar a própria vida. Gostaria de sugerir que escolas e outras organizações podem ser transformadas de forma semelhante — pelo processo e pelos princípios subjacentes da comunicação não violenta. Podemos criar um sistema que enriquece a vida, no qual todos nós temos a oportunidade de fazer aquilo de que, no fundo, gostamos mais que qualquer outra coisa: tornar a vida mais maravilhosa para nós e para os outros, satisfazendo as necessidades uns dos outros. Não importa o que tenha acontecido no passado numa escola ou num sistema escolar: se os alunos, os professores, os pais e os gestores aprenderem a se conectar de forma enriquecedora, é inevitável que comecem a criar comunidades enriquecedoras.

Já vi isso acontecer inúmeras vezes e, quando acontece, é lindo demais para ser descrito em palavras.[4]

16

CNV no trabalho

Quando trabalhamos em uma instituição hierárquica, tendemos a ouvir ordens e críticas que estão acima de nós. Embora seja fácil ter empatia pelos colegas e por aqueles com menos poder, às vezes nos surpreendemos com uma postura defensiva ou nos justificamos em vez de termos empatia pelos que identificamos como nossos "superiores".[5]

〉〈

Não se trata de não ter conflito, mas de como usá-lo para sair dele mais forte do que se ele não existisse. É aí que nosso treinamento de fato nos ajuda internamente (a organização da CNV). Aplicamos nosso treinamento e, então, os conflitos se tornam algo positivo. Se não aplicarmos nosso próprio treinamento, é inútil. Assim, passamos um bom tempo lidando com conflitos dentro da nossa organização.[27]

〉〈

Essa é a essência da comunicação não violenta. Criar conexão entre as pessoas para que as necessidades de todos sejam atendidas, e atendidas por meio de entregas compassivas, em que os indivíduos desejam se entregar uns aos outros de boa vontade. Assim, seja no setor vendas, ou se sou administrador de uma empresa e um funcionário está se comportando de uma maneira que não gosto, meu objetivo ao usar a comunicação não violenta não é fazer que ele se comporte. É criar um tipo de conexão necessária para que as necessidades de todos sejam atendidas.[27]

Produtividade

Em muitas empresas, não é fácil fazer as pessoas falarem no nível de necessidades e sentimentos, sem mencionar que elas não reconhecem o que o teólogo Walter Wink diz que é importante saber — que cada instituição, cada organização tem a própria espiritualidade. E, quando a espiritualidade da organização é "produção acima de tudo", essa é a única coisa que conta. Os sentimentos humanos, as necessidades humanas e a humanidade não importam. Aí a empresa paga por isso, tanto em termos de moral quanto de produção, porque quando você faz as pessoas acreditarem que seus sentimentos e necessidades são compreendidos, a produção aumenta.[8]

)(

É possível ter produtividade alta e conexão humana. Ambas não entram em conflito.[27]

)(

Uma organização que enriquece a vida deve ser criada para ser muito boa em entregar gratidão genuína a cada trabalhador. Esse é o combustível necessário para manter as pessoas trabalhando em uma organização que enriquece a vida.[3]

Reuniões

Se você quer facilitar a sua vida e a dos outros, precisa deixar claro o que deseja de volta sempre que disser algo a alguém. E, se quiser contribuir para que os grupos sejam improdutivos, dirija-se a eles desta forma: comece com "eu acho" e não termine com um pedido. Basta dizer o que você pensa e [...] minha previsão é que, não importa com que você começou, a reunião será improdutiva.[12]

⋇

Na minha experiência, o problema nas reuniões não são as pessoas que expressam emoções; é que elas não deixam claro o que querem.[3]

⋇

Inicie qualquer reunião em que há muita coisa em jogo e um tempo limitado solicitando às pessoas que elas perguntem o que precisam saber para dar o que você deseja.[22]

⋇

Se queremos tornar as reuniões produtivas, precisamos acompanhar aqueles cujas solicitações estão em debate.[34]

Avaliação

Eu diria que, uma organização que funciona bem — seja uma família, escola, empresa — é aquela em que existe uma constante e contínua avaliação de desempenho. Quanto mais importante o trabalho, considero mais importante e necessária a avaliação constante.[27]

)(

As pessoas com quem trabalho na área empresarial me contaram que fizeram cursos para aprender a usar a gratidão e a aprovação como recompensa. Segundo elas, pesquisas mostram que, se você elogiar e enaltecer os funcionários, a produção diária aumenta. Sim, se você quiser aprender a fazer isso, vá para uma escola de adestramento de cães. Eles mostram como usar recompensas e punições para obter desempenho. Mas receber punição ou recompensa é desumanizador.[27]

Dinheiro

Acima de tudo, nunca faça nenhum trabalho por dinheiro. [...] Receba dinheiro por fazer o trabalho que atenda à sua necessidade de significado.[26]

)(

Quero dinheiro, mas não trabalho por dinheiro. Trabalho pela alegria de ser útil à vida. [...] Peço às pessoas que me deem dinheiro para que eu receba o incentivo para fazer o trabalho. Veja, isso significa que preciso realmente ver o que estou fazendo — meu trabalho atende à minha necessidade de servir à vida. Não quero apenas trabalhar em qualquer emprego por dinheiro. Isso é como o inferno na terra. Passar tantas horas por dia fazendo algo por dinheiro.[27]

17

Transformar a nós mesmos e aos outros

Recitamos para nós mesmos esses pensamentos chacais sobre nós durante toda a vida, porque fomos educados para isso. Depois de uma vida inteira nos vendo dessa maneira, como conseguiremos, além de um nível abstrato e intelectual, realmente encarar o fato de que fomos criados a partir de energia divina, de que temos esse enorme poder? É um grande salto deixar de ser educado para acreditar que somos um protoplasma pobre e mal-ajambrado e então ver a verdade. É um salto bastante assustador.[22]

)(

Para a maioria das pessoas, o processo de concretização de uma transformação pacífica começa com o trabalho na própria mentalidade, na forma como vemos a nós mesmos e os outros, na forma como atendemos às nossas necessidades. Esse trabalho básico é, em muitos sentidos, o aspecto mais desafiador de falar sobre a paz, porque requer grande sinceridade e abertura; é preciso desenvolver certo letramento da expressão e superar o aprendizado profundamente arraigado que enfatiza julgamento, medo, obrigação, dever, punição e recompensa e vergonha. Pode não ser fácil, mas os resultados valem o esforço.[8]

✄

Quanto mais forte é a minha vontade de que alguém esteja aberto a outra possibilidade, mais quero começar com uma compreensão respeitosa da necessidade que essa pessoa está atendendo ao fazer o que está fazendo.[22]

✄

Uma vez que as pessoas não precisam se defender contra nossa obstinação do propósito de mudá-las, uma vez que se sentem compreendidas pelo que estão fazendo, fica muito mais fácil para elas estar abertas a outras possibilidades.[8]

✄

Se um falante da linguagem da girafa vê alguém se comportando de uma maneira que pensa ser autodestrutiva, sabe que a pior coisa a fazer é tentar ajudar essa pessoa. Tentar mudá-la. Sabe que a única maneira de realmente fazê-la mudar de um jeito girafa é dando-lhe a chance de cuidar de você, o que significa realmente revelar que necessidades suas seriam atendidas se ela mudasse esse comportamento.[14]

✄

Como ajudamos alguém a superar qualquer tipo de preconceito? Mostrando-lhe alguma coisa mais divertida e menos custosa.[28]

✄

Nunca quero tirar nada das pessoas até que possa mostrar a elas algo melhor e mais valioso.[28]

Transformar a nós mesmos e aos outros

⟩⟨

Com a CNV, tentamos nos pautar por um sistema de valores diferente e, ao mesmo tempo, almejamos mudar a situação. O mais importante é que cada ligação reflita o tipo de mundo que procuramos criar. Todos os passos devem espelhar claramente o que buscamos, que vem a ser uma imagem holográfica do tipo de relações que tentamos criar. Em suma, a maneira de almejar a transformação reflete o sistema de valores que pretendemos promover.[5]

⟩⟨

Quando aprendemos a falar com o coração, mudamos os hábitos de toda uma vida.[34]

18

Transformação social

Transformação social é nos libertarmos de qualquer teologia, de qualquer espiritualidade que não esteja em harmonia com o que nos permitirá criar o tipo de mundo que desejamos.[3]

✂

A espiritualidade que precisamos desenvolver para que a transformação social ocorra é aquela que nos mobiliza para tal transformação. Ela não apenas nos permite sentar e desfrutar do mundo, não importa o que aconteça, como também cria um tipo de energia que nos mobiliza para a ação.[3]

✂

A menos que nós, como agentes de transformação social, venhamos de um certo tipo de espiritualidade, é provável que criemos mais danos do que benefícios.[34]

✂

Posso contar uma estratégia que estou tentando seguir — a melhor que encontrei até o momento. É esta: mudar o paradigma dentro de mim para me libertar da forma como fui programado e estar em harmonia com a forma como escolho viver, com a forma como reflito a história que mais ressoa no meu coração. Em outras palavras, me esforço para criar esse mundo escolhido dentro de mim. A paz começa comigo.[3]

><

Essa é uma maneira de gerar transformação social. Compartilhar o que funciona para nós, o que torna nossa vida mais rica sem destruir o velho paradigma, sem chamá-los de bando de fanáticos. [...] Contar do que gostamos em nossa história e como isso enriqueceu nossa vida.[3]

><

A transformação social implica ajudar as pessoas a enxergarem novas opções para tornar a vida maravilhosa que sejam menos custosas para atender às suas necessidades.[34]

><

Em muitos dos nossos esforços por transformação social, estamos aparentemente preocupados com as ações de grupos de pessoas, não com comportamentos individuais. Na minha opinião, gangues são grupos que se comportam de maneiras que não gostamos. Algumas gangues se autodenominam gangues de rua. Não são essas que mais me assustam.

Algumas gangues se autodenominam corporações multinacionais. Outras se autodenominam governos. Essas duas últimas, muitas vezes, fazem coisas que entram em conflito com os valores que defendo. Essas gangues controlam as escolas e muitas delas querem que os professores ensinem aos alunos que existe o certo e o errado, o bom e o mau. Elas querem que as escolas façam os alunos trabalharem por recompensas, para que possam ser contratados mais tarde para trabalhar oito horas por dia, durante 40 anos, realizando tarefas sem sentido.[8]

✕

Assim, em nosso mundo, obviamente existe um enorme sofrimento criado por gangues. E é muito difícil não limpar a bagunça que essas gangues criam, mas como e quando nos concentramos nas próprias gangues que estão criando a bagunça? Então esse, para mim, é um grande investimento em transformação social. Decidir onde investir minhas energias.[3]

✕

A transformação social exige que uma massa considerável de pessoas mude de determinada maneira de satisfazer suas necessidades para outra maneira. [...] É disso que a comunicação não violenta trata, de ajudar os indivíduos a fazerem a seguinte mudança: em vez de ter suas necessidades atendidas de uma forma que viola outrem, encontrar uma maneira de atender às necessidades de todos. Portanto, a transformação social consiste basicamente em fazer um número significativo de pessoas mudar de um lugar para outro.[19]

✕

No fim das contas, o maior desafio nos esforços de transformação social — seja nas famílias, nas empresas, nos governos ou em qualquer outro campo — é reunir as pessoas. Estou falando sério. Esse é o maior desafio.[8]

✕

Com cada pessoa com quem nos conectamos, nosso objetivo deve ser criar uma conexão de qualidade. Não se trata de conseguir o que queremos, mas de viver um sistema de valores diferente, mesmo em nossos esforços de transformação social. Sim, gostaríamos de pedir algumas coisas, mas o mais importante é que cada conexão ao longo do caminho reflita o tipo de mundo que estamos tentando criar. Cada pedido deve refletir energeticamente o que buscamos. É uma imagem holográfica da estrutura que queremos criar. Em resumo, o processo de pedir deve refletir os valores que queremos apoiar.[3]

❯❮

Quando você tem acesso a pessoas centrais em uma organização, se entrar em uma reunião com imagens do inimigo — se pensar nessas pessoas como más, diabólicas, mantenedoras das estruturas de dominação, ou o que quer que seja —, você não vai se conectar; de certa forma, você é parte do problema.[3]

❯❮

Quando usamos esse processo de ouvir o que está vivo no outro, ele não pode *não* se comunicar, porque ouvimos cada mensagem vinda dele, seja verbal ou não verbal, como uma expressão do que está vivo. Sentimos suas necessidades e sentimentos e, quando agimos assim, não vemos inimigos, não vemos resistência e não vemos críticas. Vemos apenas um ser humano que tem as mesmas necessidades que nós. Podemos não gostar de suas estratégias para atender às suas necessidades. Mas se carregamos uma imagem do inimigo daqueles com quem lidamos, penso que contribuímos para a violência no planeta. Portanto, qualquer que seja a transformação social que eu tente promover, se ela resultar de uma imagem do inimigo de que certas pessoas estão erradas ou são más, prevejo que as minhas tentativas serão derrotadas por si mesmas.[3]

Transformação social

><

A transformação social eficaz requer conexões em que evitamos ver as pessoas dentro dessas estruturas como inimigas — e tentamos ouvir suas necessidades enquanto seres humanos. Então persistimos em manter o fluxo de comunicação para que as necessidades de todos sejam atendidas.[8]

><

Eu gostaria de sugerir que, quando temos a cabeça cheia de julgamentos e análises que mostram que os outros são maus, gananciosos, irresponsáveis, mentem, trapaceiam, poluem o ambiente, valorizam o lucro acima da vida ou se comportam como não deveriam, bem poucos deles estarão interessados em nossas necessidades. Se queremos proteger o ambiente e recorremos a um executivo com uma atitude de "sabe, você é um assassino do planeta, não tem o direito de abusar da Terra desse jeito", prejudicamos gravemente as chances de satisfazer nossas necessidades. É raro um ser humano que consegue manter o foco em nossas necessidades quando as expressamos por meio de imagens de seus erros.[34]

><

Todos os esforços de transformação social se reduzem a três palavras: perguntar, perguntar, perguntar. Para alcançar todos os seus objetivos você precisa perguntar, perguntar e perguntar. E, se não quer ser o único a fazer todas as perguntas, você precisa pedir ajuda a algumas pessoas para que elas façam algumas perguntas.[3]

><

Se há uma situação em que precisamos saber como não usar muitas palavras, é nos esforços para a transformação social. Tempo é essencial. Muitas vezes, teremos um tempo muito limitado para pôr em prática uma enorme quantidade de trabalho.[3]

É claro que a transformação social às vezes envolve um confronto considerável. Precisamos aprender a usar a comunicação não violenta quando enfrentamos pessoas que se opõem ao que pretendemos mas não sabem se expressar de uma forma que comunique claramente seus sentimentos e necessidades. Precisamos saber (nessas condições de confronto) como ouvir os sentimentos e as necessidades alheias, independentemente da forma como as pessoas se comunicam.[8]

)(

Um dos meus objetivos de transformação social nos últimos anos tem sido fazer o que posso para contribuir para transformar nosso sistema judicial, baseado no conceito de justiça retributiva, em um sistema baseado na justiça restaurativa.[31]

)(

Dada a enormidade da transformação social que nos espera — transformação que todos gostaríamos de ver —, o que prevejo é que, se aprendermos a celebrar, isso nos dará mais esperança e força para fazer a mudança acontecer. Vamos construir a celebração em nossa vida e seguir a partir daí. Esse é o primeiro passo. Caso contrário, seremos esmagados pela imensidão. Num espírito de celebração, penso que teremos energia para fazer o que for necessário para provocar a transformação social.[3]

Parte VI

CNV como estilo de vida

"Cada vez que erro, é uma chance de praticar."[34]

19

Entender nossa responsabilidade

O mecanismo básico da motivação pela culpa é atribuir a responsabilidade pelos próprios sentimentos aos outros. [...] Quando os pais dizem: "Mamãe e papai ficam tristes quando você tira notas baixas", deixam implícito que as atitudes da criança são a causa da felicidade ou infelicidade deles. Na aparência, responsabilizar-se pelos sentimentos dos outros pode ser facilmente confundido com preocupação positiva.[5]

꒰

Para realmente dar às pessoas o que elas necessitam, a empatia e o carinho de que elas precisam [...] devemos estar conscientes de que a dor delas não tem nada que ver conosco.[14]

꒰

O principal é ter consciência de que nunca sou a causa da dor do outro, mas quero assumir a responsabilidade pelo meu comportamento. Veja, sou responsável pelo que fiz. A outra pessoa é responsável pela forma como recebeu isso.[22]

><

A CNV, entretanto, estimula um nível de desenvolvimento moral fundado na autonomia e na interdependência, pelo qual reconhecemos a responsabilidade pelos próprios atos e temos consciência de que nosso bem-estar e o dos outros são uma coisa só.[5]

><

Somos responsáveis pelo que ouvimos outras pessoas dizerem e pela maneira como agimos.[34]

><

A própria palavra *responsável* nos faz pensar em *resposta hábil* — habilidade de responder. Portanto, não posso assumir responsabilidade por algo sobre o qual não tenho controle.[22]

><

Gostaria de que todos nós assumíssemos total responsabilidade por duas coisas: nossas ações e nossos sentimentos. Na verdade, os sentimentos também são causados por nossas ações, por nosso pensamento. Por como escolhemos interpretar as coisas. Portanto, somos responsáveis por nossas ações e pelo pensamento que causa nossos sentimentos. Assim, ninguém pode nos obrigar a fazer nada, ninguém pode nos irritar e ninguém pode nos machucar.[19]

><

Outras pessoas não podem nos fazer sentir nada. Nossos sentimentos são fruto de como encaramos as coisas. Não podemos fazer os outros sentirem o que sentem. Eles são responsáveis pela maneira como recebem isso. Mostramos que não somos responsáveis por como as outras pessoas se sentem. Somos responsáveis por nossas ações.[31]

><

A comunicação é alienante quando atrapalha a conscientização de que cada um de nós é responsável pelos próprios pensamentos, sentimentos e atos. O uso corriqueiro da expressão *ter que* (como em "há coisas que você tem que fazer, queira ou não") ilustra como a responsabilidade pessoal pelos próprios atos pode se ocultar na fala.[5]

><

Durante o desenvolvimento da responsabilidade emocional, a maioria passa por três etapas: (1) a da "escravidão emocional" — em que acreditamos ser responsáveis pelos sentimentos dos outros; (2) a "etapa desagradável" — em que nos recusamos a admitir que nos importamos com os sentimentos e as necessidades alheias; (3) a da "liberação emocional" — na qual assumimos total responsabilidade por nossos sentimentos, mas não pelos dos outros, e ao mesmo tempo nos conscientizamos de que nunca poderemos atender às nossas necessidades à custa dos outros.[5]

><

Negamos responsabilidade por nossos atos quando os atribuímos a:

- Forças obscuras e impessoais — "Limpei meu quarto porque tive que limpar".
- Nossa condição, avaliação, histórico pessoal ou psicológico — "Bebo porque sou alcoólatra".
- Atos dos outros — "Bati no meu filho porque ele correu para a rua".

- Ordens de autoridades — "Menti para o cliente porque o chefe me mandou mentir".
- Pressão do grupo — "Comecei a fumar porque todos os meus amigos fumavam".
- Políticas, regras e normas institucionais — "Preciso suspendê-lo por causa dessa infração; é a norma da escola".
- Papéis determinados por sexo, idade e posição social — "Detesto ir trabalhar, mas vou porque sou pai de família".
- Impulsos incontroláveis — "Me deu uma gana enorme de comer aquele doce".[5]

⟫⟨

Se quer romper a paz, negue a responsabilidade por seus atos.[29]

20

Compartilhar nossa apreciação e gratidão

Apreciação

Para mim, é tão importante que as pessoas ouçam minha apreciação quanto minhas mensagens de angústia. Quero ter certeza de que elas ouvirão a ambas, e não ouvirão minha dor como uma crítica nem minha apreciação como um elogio ou enaltecimento.[10]

><

As três coisas de que precisamos para expressar apreciação — não elogios, porque não existe elogio na CNV. O elogio é uma técnica clássica de julgamento; os gerentes adoram, porque, segundo eles, pesquisas mostram que os funcionários têm melhor desempenho se você os elogiar pelo menos uma vez por dia. Isso funciona por um tempo, até os funcionários enxergarem a manipulação. Na CNV, nunca oferecemos apreciação para tentar criar algum resultado na outra pessoa. Só a oferecemos para celebrar, para que o outro saiba até que ponto nos sentimos bem por algo que ele fez.

As três coisas são:

1 O que a pessoa fez que nós apreciamos, e somos muito específicos sobre isso;

2 Nossos sentimentos; e

3 Nossas necessidades que foram atendidas.[1]

✂

Quando usamos a CNV para expressar reconhecimento é somente para comemorar, não para obter algo em troca. Nossa única intenção é celebrar que nossa vida melhorou por causa dos outros.[5]

✂

Elogios convencionais costumam assumir a forma de julgamentos, por mais positivos que sejam, e às vezes são oferecidos para manipular o comportamento alheio. A comunicação não violenta incentiva a expressão de apreciação apenas para celebrar.[34]

✂

Muitos não recebem bem o reconhecimento. É uma tortura imaginar se o merecemos. Ficamos preocupados com o que se espera de nós — sobretudo se temos professores ou gerentes que usam o elogio como instrumento para estimular a produtividade. Ou ficamos nervosos por termos de corresponder ao reconhecimento. Acostumados com uma cultura em que comprar, ganhar e merecer são os padrões de interação, muitas vezes ficamos incomodados com o simples ato de dar e receber.

A CNV estimula receber o reconhecimento com o mesmo caráter empático que expressamos ao escutar outras mensagens. Ouvimos o que fizemos que contribuiu para o bem-estar dos outros; atentamos para seus sentimentos e as necessidades que foram supridas. Acolhemos no coração a feliz realidade de que cada um de nós pode melhorar a qualidade de vida dos outros.[5]

)(

Acho trágico trabalharmos tão duro para comprar amor e presumirmos que devemos nos anular e fazer coisas para os outros a fim de que eles gostem de nós. Na verdade, quando fazemos as coisas puramente com o espírito de melhorar a vida, percebemos que os outros nos enaltecem.[5]

Gratidão

É extremamente importante construirmos, ao longo da vida, oportunidades de trocar gratidão sincera, termos oportunidades de expressá-la aos outros e de recebê-la.[31]

)(

Na cultura da classe média, a necessidade é de gratidão. Reconhecimento. As pessoas são educadas para acreditar que não deveriam ter essa necessidade, que deveriam se entregar apenas por altruísmo e assim por diante — a ponto de elas se envergonharem de admitir que precisam celebrar o que fizeram e receber algum reconhecimento por isso. Então, eles acabam entediando os outros com todas as histórias, sem perceber que isso vai gerar exatamente o oposto do que desejem.[20]

)(

Quanto mais a gratidão faz parte da vida [...], mais combustível temos para ser girafas em um mundo que fala a língua do chacal.[22]

)(

Há uma grave escassez de combustível neste planeta. É incrível o número de pessoas sedentas de gratidão. Elas não recebem a gratidão necessária para saber que atendemos às nossas necessidades de enriquecer a vida. E, se não recebemos essa gratidão regularmente, para confirmar que essa necessidade está sendo atendida, o custo de não termos nossa necessidade de significado satisfeita é enorme. Isso tira a alegria da vida. Tira a energia da vida.[17]

)(

Por isso, acima de tudo, precisamos ter muito claro que não confundimos gratidão com necessidade. Não precisamos de gratidão. Se achamos que precisamos de gratidão, então somos idiotas por viver a vida tentando obter a aprovação alheia. A gratidão é muito importante, mas não como uma necessidade. É necessária como uma confirmação de que nossa necessidade foi atendida.[17]

)(

Não basta fazermos as coisas com a intenção de enriquecer a vida: precisamos ter um mecanismo de *feedback*. E a gratidão é esse mecanismo de *feedback*. Mas, infelizmente, o mundo da dominação, vendo o poder que isso tem, aprendeu a transformar essa função natural em opressão, tornando as pessoas viciadas em recompensas. Isso distorce a necessidade de enriquecer a vida.[17]

)(

Portanto, a primeira coisa que eu sugeriria, ao oferecer gratidão às pessoas, é ter muito cuidado para nunca oferecê-la como recompensa. Jamais ofereça gratidão para aumentar a confiança de alguém em si mesmo. Em outras palavras, não use isso como manipulação para criar alguma coisa no outro.[17]

)(

Compartilhar nossa apreciação e gratidão

Ao oferecer gratidão, a intenção é muito importante. Deve ser apenas para celebrar a vida. Para comemorar uma necessidade nossa que foi atendida. Absolutamente sem nenhuma intenção de recompensar alguém, vindo apenas do coração.[27]

✕

Para as pessoas que não usam a CNV, é extremamente difícil ouvir a gratidão expressada de coração. Por quê? Porque elas vivem em um mundo que ouve a gratidão como julgamento. Elas se perguntam se a mereceram ou se isso está sendo usado como recompensa, porque muitas vezes o "obrigado" é utilizado como recompensa — o que constitui uma forma segura de estragar a beleza da gratidão.[10]

✕

Se não soubermos lidar com a nossa dor, a gratidão não surgirá de forma sincera. E muitas pessoas não sabem lidar com a dor, então a gratidão fica sufocada por trás da dor.[17]

✕

A gratidão é outra parte vital da transformação social, mas também é importante para ajudar a sustentar um tipo de consciência espiritual que a comunicação não violenta tenta apoiar. Quando sabemos expressar e receber gratidão de determinada forma, temos uma enorme energia para sustentar nossos esforços por transformação social, bem como nos sustentar através da beleza do que pode ser, em vez de tentarmos dominar forças do mal.[8]

✕

A gratidão também desempenha um papel importante para mim. Se tenho consciência de um ato humano pelo qual quero expressar gratidão, de como me sinto quando o ato ocorre, seja ele meu ou de outra pessoa, e de quais necessidades minhas ele atende, expressar gratidão me preenche com a consciência do poder que nós, seres humanos, temos para enriquecer vidas. Isso me torna consciente de que somos energia divina, de que temos o poder de tornar a vida maravilhosa e de que não há nada de que gostemos mais do que fazer exatamente isso.[6]

\>\<

Expressar uma celebração, uma gratidão na linguagem da girafa: observação clara, sentimento presente e necessidade satisfeita. Essas são as três coisas a serem transmitidas.[17]

\>\<

De que forma expressamos gratidão na comunicação não violenta? Primeiro, a intenção é muito importante: celebrar a vida, nada mais. Não estamos tentando recompensar a pessoa. Queremos que ela saiba como a nossa vida foi enriquecida pelo que ela fez. Essa é a nossa única intenção. Para deixar claro como nossa vida foi enriquecida, precisamos dizer três coisas às pessoas, e elogios não deixam claras essas três coisas:

1 Queremos deixar claro o que a pessoa fez que desejamos celebrar, que ações dela enriqueceram nossa vida.

2 Queremos dizer a ela como nos sentimos em relação a isso, que sentimentos estão vivos em nós em consequência daquilo que ela fez.

3 Queremos dizer a ela que necessidades nossas foram satisfeitas por seus atos.[8]

\>\<

Vemos em todos os países como é difícil para as pessoas receberem gratidão, porque sua formação anterior lhes ensinou que devem ser humildes, não devem pensar que são importantes.[8]

Compartilhar nossa apreciação e gratidão

É **difícil receber** gratidão quando você precisa se preocupar se de fato a mereceu ou não.[8]

21

Práticas diárias

Para praticar a CNV, precisamos abandonar completamente o objetivo de levar os outros a fazerem o que queremos.[34]

✕

Cada vez que eu erro, surge uma chance para praticar.[34]

✕

Eu mantenho um caderno chacal. Um caderno chacal é simplesmente algo para escrever e que quero ter sempre à mão. Assim, toda vez que perceber que estou me desconectando e agindo ou vivendo em desarmonia com o que escolho ser, escrevo sobre isso a fim de aprender experiência. Entende? Isso é algo que posso fazer. Posso aprender quando perco o controle.[12]

✕

Por mais que os conceitos da CNV nos impressionem, nossa vida só é transformada pela prática e pela aplicação.[34]

Uma das melhores mensagens que ouvi meus professores citarem [foi de] Carl Rogers, o psicólogo. [Ele] disse: "Se você estiver vivo, sempre ficará um pouco assustado". Então, se você está realmente seguro e sabe o que é certo, coitado de você. Morreu e nem se deu conta disso.[17]

Não odeie a circunstância, você pode deixar de ver a bênção.[34]

Acredito que todo mundo tem o direito de dançar e cantar, mesmo que se movam e soem como um corvo com a asa quebrada.[35]

Certamente gosto da mudança que vejo em mim agora, em comparação com quando comecei. Mas ainda há momentos em que é muito difícil me conectar com outras pessoas da maneira que escolhi. E, quando não me conecto, é bem útil anotar isso. Gosto de manter à mão um caderno chacal — eu o chamo de meu caderno chacal. Assim, sempre que respondo de uma maneira que realmente não está em harmonia com a forma como escolhi [viver], quero aprender com isso.[26]

Tenho um caderno girafa para celebrar a vida. Ele me lembra, toda manhã, de algo que fiz nas últimas 24 horas que fez diferença para alguém — eu mesmo, os outros, ambos. Quanto mais me lembro disso, menos vontade tenho de fazer qualquer outra coisa. E, quanto mais me lembro do que os outros fizeram para enriquecer a minha vida, mais me dou conta de que cada um de nós tem esse poder de enriquecer a vida, a cada momento de cada dia.[12]

Práticas diárias

꾸

PARTICIPANTE: Marshall, também gostaria que você mencionasse as três coisas necessárias para se tornar proficiente em CNV.

MARSHALL: Em primeiro lugar, o bom é que a CNV não exige perfeição. Não precisamos ser santos nem ter paciência, autoestima ou autoconfiança. Eu até demonstrei que não precisamos ser normais. [Risada] Então, o que é necessário? Acima de tudo, clareza espiritual. Precisamos estar bem conscientes de como queremos nos conectar com os seres humanos. Infelizmente, vivemos em uma sociedade com uma longa história e evolução baseadas em julgamentos. Mas, se você ouvir o paleontólogo Teilhard de Chardin — que pensa em milhares de anos —, verá que a sociedade está se movendo em direção à CNV, e bem rápido. Só que não está acontecendo na velocidade que eu gostaria, então faço o que posso para acelerar o processo. Meu principal esforço é trabalhar em mim mesmo.

Quando estou totalmente envolvido com a CNV, acho que estou ajudando o planeta. Dedico a energia restante a ajudar outras pessoas a se envolverem com a CNV. Logo, a clareza espiritual é fundamental: devemos estar profundamente conscientes de como queremos nos conectar com as pessoas. Para mim, isso significa parar várias vezes ao dia — duas, três, quatro vezes — e me lembrar verdadeiramente de como quero me conectar com os seres humanos.

Como colocá-la em prática? Isso é bastante individual. Algumas pessoas chamam esse processo de meditação, oração, parar e desacelerar, tanto faz. Eu mesmo o faço de maneira diferente todos os dias, mas basicamente é só parar, desacelerar e verificar o que está passando pela minha cabeça. Os julgamentos estão passando pela minha cabeça? A CNV está passando pela minha cabeça? Paro e vejo o que está acontecendo lá dentro e desacelero. Lembro-me da "razão importante, sutil e sorrateira pela qual nasci um ser humano e não uma cadeira", para usar uma frase de uma de minhas peças favoritas, *Mil palhaços*. Então isso é o mais importante: clareza espiritual.

Segundo: praticar, praticar, praticar. Sempre que me pego julgando a mim mesmo ou aos outros, ponho no papel. Anoto o que desencadeou esse julgamento. O que os outros disseram ou fizeram que, de repente, me levou a voltar a julgar? Então, uso essas anotações. Em algum momento do dia, sento-me, analiso a lista e tento ter empatia pela dor que eu estava sentindo naquele momento. Evito me criticar de modo duro. Tento ouvir qual dor me levou a falar daquele jeito. Então, me pergunto: "Como eu poderia ter usado a CNV naquela situação? O que a outra pessoa poderia estar sentindo e necessitando?" Agora, os praticantes da CNV adoram bagunçar as coisas, porque um praticante da CNV não tenta ser perfeito. Conhecemos o perigo de tentar ser perfeito. Apenas tentamos nos tornar cada vez menos ignorantes. [...] Quando seu objetivo é se tornar cada vez menos ignorante, cada vez que você erra em alguma coisa, isso se torna motivo de comemoração. É uma chance de aprender a ser menos ignorante. Então pratique, pratique, pratique para aprender a ser menos ignorante.

E terceiro, participar de uma comunidade de apoio da CNV é extremamente valioso. Vivemos em um mundo repleto de julgamentos, e construir um ambiente de CNV ao nosso redor nos permite começar a criar um mundo maior, um mundo baseado na comunicação não violenta. É por isso que sou tão grato pela existência de todas as equipes locais de CNV.[1]

>C

O objetivo da vida não é ser perfeito, é se tornar progressivamente menos ignorante.[19]

Brincar

Procuro nunca fazer nada que devo fazer, mas seguir a sugestão de Joseph Campbell. Depois de estudar religião e mitologia comparadas ao longo de 43 anos, Campbell afirmou: "Sabe, depois de toda a minha pesquisa, é surpreendente que todas as religiões estejam dizendo a mesma coisa: não faça nada que não seja divertido".

Não faça nada que não seja *brincar*. Ele diz isso de outra forma: "Siga sua felicidade", o que indica essa energia de como tornar o mundo divertido e passível de aprendizado.[2]

⸭

Quase todas as religiões e mitologias que estudei transmitem uma mensagem muito semelhante, que é resumida pelo mitólogo Joseph Campbell em alguns de seus trabalhos: *Não faça nada que não seja brincar*. E o que ele quer dizer com *brincar* é contribuir voluntariamente para a vida.

Portanto, não faça nada para evitar a punição; não faça nada em troca de recompensas; não faça nada por culpa, vergonha e pelos conceitos perversos de dever e obrigação. O que você faz será brincadeira quando conseguir perceber como isso enriquece a vida.[6]

⸭

Não faça nada que não seja brincar. E será brincadeira se você escolher fazer, vendo como isso vai enriquecer a vida.[26]

⸭

O que todas as religiões básicas dizem é: não faça nada que não seja brincar.[34]

Tolerância

Vamos falar um pouco sobre "tolerância". Tem muita gente que eu não suporto ter por perto. E eles são meus melhores gurus. Eles me mostram o que, dentro de mim, torna difícil ver a energia divina neles. Quero aprender com qualquer coisa que me impeça de me conectar com essa energia. Felizmente, há diversas pessoas que não suporto. Tenho muitas oportunidades de aprendizado. Eu pratico. Eu pergunto: "O que, na atitude dela, é um gatilho para que eu a julgue?" Primeiro tento ter clareza sobre o que ela faz e, segundo, procuro ter consciência de como estou julgando aquele ser humano que me deixa com tanta raiva. O terceiro passo é olhar além do meu julgamento para ver que necessidade específica minha não está sendo atendida em relação a essa pessoa. Procuro ter empatia por essa necessidade não atendida. Quarto, digo a mim mesmo: "Quando a pessoa faz aquilo que me desagrada, que necessidade pessoal ela está tentando atender?" Procuro ter empatia pelo que há de vivo nela quando ela age assim.[2]

Não tenha pressa

Para praticar a CNV, é fundamental que eu consiga desacelerar, agir no meu tempo, partir de uma energia que eu escolho, aquela da qual acredito que deveríamos partir, não aquela para a qual fui programado. Começo o dia lembrando onde quero estar.[34]

><

A comunicação não violenta requer que, sem pressa, partamos de nossa energia divina — e não da maneira como fomos culturalmente programados.[8]

Práticas diárias

✂

No meio da agitação do dia a dia, é crucial saber usar as duas palavras que mais repito para mim mesmo nos últimos 40 anos: "SEM PRESSA". Essas duas palavras nos dão o poder de partir de uma espiritualidade que escolhemos, não daquela para a qual fomos programados.[2]

✂

Carrego comigo a foto do filho de um amigo meu. Foi a última fotografia tirada antes de ele ser morto na guerra do Líbano. O motivo pela qual mantenho essa foto comigo é que, na imagem, o rapaz veste uma camiseta com os seguintes dizeres: "Sem pressa". E esse é um símbolo muito poderoso para mim. É provavelmente a parte que considero mais importante no aprendizado desse processo, aprender a viver de acordo com ele.

Sem pressa. Sim, às vezes parece estranho não me comportar de maneira automática como fui treinado para agir, mas quero aproveitar o meu tempo para viver a vida em harmonia com meus valores, e não de uma forma robótica, pondo em prática automaticamente o jeito como fui programado pela cultura em que cresci. Então, sim, sem pressa. Pode parecer estranho, mas para mim é a minha vida. Vou dedicar meu tempo para vivê-la da maneira que eu quiser. Talvez eu pareça meio bobo quando digo isso.[9]

✂

Entre meus materiais de meditação, tenho uma imagem muito poderosa que me ajuda a lembrar de viver sem pressa. Um amigo meu de Israel é um membro bastante ativo em uma organização de israelenses e palestinos que perderam filhos na guerra e querem criar algo mais a partir do sofrimento. Então, um dos passos para isso foi escrever um livro em homenagem ao filho dele, que morreu no conflito. [...] Abri o livro, e logo na primeira página, deparei com a última foto tirada do filho dele antes de ele ser morto na guerra do Líbano. Na camiseta do filho está escrito: "Sem pressa". Perguntei ao meu amigo, o pai e autor, se ele tinha uma foto maior que eu pudesse usar para me ajudar a lembrar. Expliquei a ele por que essas duas palavras eram tão importantes para mim. Ele disse: "Então deixe-me dizer algo também, Marshall, que provavelmente tornará isso ainda mais poderoso. Quando procurei o comandante do meu filho para perguntar: 'Por que você o enviou? Não percebeu que qualquer pessoa que mandasse nessa missão seria morta?', ele retrucou: 'Nós agimos com pressa'. Por isso publiquei ali aquela foto do meu filho".[2]

)(

Sei que sempre que estou com raiva, culpado, deprimido ou envergonhado, não estou vivo. Estou na minha cabeça chacalizando as pessoas: eu mesmo ou os outros. Não estou vivo, não estou realmente conectado às minhas necessidades ou às deles. Se reajo com essa energia, nunca tenho minhas necessidades atendidas. Desse modo, sem pressa, sem pressa. Volte à vida antes de abrir a boca.[22]

)(

Não tenha pressa para entender. Não faça nada — simplesmente esteja ali.[34]

)(

Lembro-me de uma ocasião, quando estava começando a aprender CNV, em que meu filho mais velho e eu estávamos tendo um conflito. Minha primeira reação ao que ele dizia foi não me conectar com o que estava vivo nele, com o que ele sentia e necessitava. Eu queria interromper e mostrar que ele estava errado. Tive que respirar fundo, profundamente. Precisei ver o que estava acontecendo dentro de mim por um momento e perceber que estava per-

Práticas diárias

dendo a conexão com ele, e então trazer minha atenção de volta para ele, dizendo: "Então, você está sentindo..." e "você está precisando..." para tentar me conectar com ele.

Então ele disse outra coisa, e novamente fui acionado e precisei desacelerar e respirar fundo para voltar ao que estava vivo nele. Claro, aquela conversa estava demorando mais do que o normal, e alguns amigos esperavam por ele lá fora.

Finalmente, ele disse: "Pai, você está demorando muito para falar". Respondi: "Deixa eu te dizer o que posso dizer rápido. Faça do meu jeito ou vou te dar um esporro".

Ele respondeu: "Sem pressa, pai, sem pressa".

Portanto, a comunicação não violenta requer que ajamos sem pressa a partir da nossa energia divina e não do nosso condicionamento cultural.[8]

Obras citadas

Esta lista faz referência ao número sobrescrito depois de cada citação.

Livros

1 ROSENBERG, Marshall B. *Being me, loving you — A practical guide to extraordinary relationships.* Encinitas: PuddleDancer, 2005.

2 ROSENBERG, Marshall B. *Getting past the pain between us — Healing and reconciliation without compromise.* Encinitas: PuddleDancer, 2005. [Ed. bras.: *Superando a dor entre nós — Restabelecimento e reconciliação sem fazer concessões.* São Paulo: Palas Athena, 2020.]

3 ROSENBERG, Marshall B. *The heart of social change — How you can make a difference in your world.* Encinitas: PuddleDancer, 2005.

4 ROSENBERG, Marshall B. *Life-enriching education — Nonviolent communication helps schools improve performance, reduce conflict, and enhance relationships.* Encinitas: PuddleDancer, 2003. [Ed. bras.: *Educação para uma vida mais plena.* São Paulo: Palas Athena, 2022.]

5 ROSENBERG, Marshall B. *Nonviolent communication — A language of life.* 3. ed. Encinitas: PuddleDancer, 2015. [Ed. bras.: *Comunicação não violenta — Técnicas para aprimorar relacionamentos pessoais e profissionais.* 5. ed. São Paulo: Ágora, 2021.]

6 ROSENBERG, Marshall B. *Practical spirituality — Reflections on the spiritual basis of nonviolent communication.* Encinitas: PuddleDancer, 2004. [Ed. bras.: *Espiritualidade prática — Reflexões sobre o fundamento espiritual da comunicação não violenta.* São Paulo: Palas Athena, 2022.]

7 ROSENBERG, Marshall B. *Raising children compassionately — Parenting the nonviolent communication way.* Encinitas: PuddleDancer, 2005. [Ed. bras. *Criar filhos compassivamente — Maternagem e paternagem na perspectiva da comunicação não violenta.* São Paulo: Palas Athena, 2019.]

8 ROSENBERG, Marshall B. *Speak peace in a world of conflict — What you say next will change your world.* Encinitas: PuddleDancer, 2005. [Ed.

bras.: *A linguagem da paz em um mundo de conflitos — Sua próxima fala mudará seu mundo*. São Paulo: Palas Athena, 2019].

9 ROSENBERG, Marshall B. *The surprising purpose of anger — Beyond anger management: finding the gift*. Encinitas: PuddleDancer, 2005. [Ed. bras.: *O surpreendente propósito da raiva — Indo além do controle para encontrar a função vital da raiva*. São Paulo: Palas Athena, 2020.]

10 ROSENBERG, Marshall B. *Teaching children compassionately — How students and teachers can succeed with mutual understanding*. Encinitas: PuddleDancer, 2005.

11 ROSENBERG, Marshall B. *We can work it out — Resolving conflicts peacefully and powerfully*. Encinitas: PuddleDancer, 2005. [Ed. bras.: *Juntos podemos resolver essa briga — Paz e poder na resolução de conflitos*. São Paulo: Palas Athena, 2020.]

Workshops

12 ROSENBERG, Marshall B. "Basics of nonviolent communication" [O básico da comunicação não violenta]. *Workshop*. Oregon Network for Compassionate Communication, s.d.

13 ROSENBERG, Marshall B. "Bonding and healing" ["Conectando e curando"]. *Workshop*. s.d.

14 ROSENBERG, Marshall B. "Compassionate communication". [Comunicação compassiva] *Workshop*. San Diego, s.d.

15 ROSENBERG, Marshall B. "Creating a life-serving system within oneself" ["Criar dentro de si um sistema útil à vida"]. *Workshop*. Corona 2000 Recording Series. Corona, CA, novembro de 2000.

16 ROSENBERG, Marshall B. "Experiencing needs as a gift" ["Experimentar as necessidades como um presente"]. *Workshop*. Corona 2000 Recording Series. Corona, CA, novembro de 2000.

17 ROSENBERG, Marshall B. "Giraffe fuel". ["Combustível girafa"] *Workshop*. Corona 2000 Recording Series. Corona, CA, novembro de 2000.

18 ROSENBERG, Marshall B. "Healing and reconciliation" [Cura e reconciliação]. *Workshop*. Outubro de 2002.

19 ROSENBERG, Marshall B. "Healing emotional pain" [Curar a dor emocional]. *Workshop*. Bay Area Nonviolent Communication, s.d.

20 ROSENBERG, Marshall B. "Intimate relationships". [Relacionamentos íntimos]. *Workshop*. Corona 2000 Recording Series. Corona, CA, novembro de 2000.

Obras citadas

21 ROSENBERG, Marshall B. "Introduction to nonviolent communication" [Introdução à comunicação não violenta]. *Workshop*. Bay Area Nonviolent Communication, s.d.

22 ROSENBERG, Marshall B. "Making life wonderful — An intermediate training in nonviolent communication" [Tornar a vida maravilhosa — Um treinamento intermediário em comunicação não violenta] *Workshop*. s.d.

23 ROSENBERG, Marshall B. "Marriage in the 90s" [Casamento nos anos 90]. *Workshop*. s.d.

24 ROSENBERG, Marshall B. "MBR story on healing from rape" [A história de MBR sobre a cura de um estupro]. *Workshop*. s.d.

25 ROSENBERG, Marshall B. "Needs and empathy". [Necessidades e empatia]. *Workshop*. Corona 2000 Recording Series, Corona, CA. Novembro de 2000.

26 ROSENBERG, Marshall B. "NVC basics day long" [O básico da CNV em um dia]. *Workshop*. s.d.

27 ROSENBERG, Marshall B. "NVC in business". [A CNV nos negócios]. *Workshop*. Outubro de 2002.

28 ROSENBERG, Marshall B. "Overcoming prejudice" [Superar o preconceito]. *Workshop*. Bay Area Nonviolent Communication, s.d.

29 ROSENBERG, Marshall B. "Power to create world" [Poder para criar o mundo]. *Workshop*. s.d.

30 ROSENBERG, Marshall B. "Reconciliation and forgiveness" [Reconciliação e perdão]. *Workshop*. s.d.

Websites

31 DANFORTH, David. (@MBR_Quotes) nov. 2021-ago. 2022. Twitter. https://x.com/MBR_Quotes/status/1508586281197924355.

32 ROSENBERG, Marshall B. Trecho de "Marshall Rosenberg — The dynamics of empathy". Canal do YouTube Michael Hurin, 19 ago. 2019. Transmissão de rádio gravada. WGDR Plainfield, VT, Rádio comunitária da Goddard College, s.d. 1 h., 30 min. https://www.youtube.com/watch?v=tahOuqFS8kM&t=0s.

33 ROSENBERG, Marshall B. "How to apologize in giraffe". Gravação de áudio. Canal do YouTube Giraffe NVC, 1 dez. 2020. https://www. youtube.com/watch?v=23io32hFv-Q. Trecho de "The basics of nonviolent communication, with Marshall B. Rosenberg, PhD". Canal

do YouTube Nadania Centrum, 27 de outubro, 2015. Gravação de áudio de *workshop*. 3 h. San Francisco. abr. 2000. https://www.youtube.com/watch?v=l7TONauJGfc&t=0s.

34 ROSENBERG, Marshall B. "Marshall Rosenberg quotes". Nonviolent communication books & resources. Free Resources. PuddleDancer. Website. https://www.nonviolentcommunication.com/resources/mbr-quotes/.

35 ROSENBERG, Marshall B. Song "A crow with a crippled wing", 1:56, Trecho de "Marshall Rosenberg nonviolent communication resolving cconflicts [sic]." Canal do YouTube Michael Hurin, 4 ago. 2019. Gravação de áudio de *workshop*, "Resolving conflicts with children". 2,5 h. Cuyahoga Community College, Cleveland, OH. 21 nov. 1991. https://www.youtube.com/watch?v=8kaVztNodEM.

OS QUATRO COMPONENTES DO PROCESSO DE COMUNICAÇÃO NÃO VIOLENTA

Expressar claramente como eu estou, sem culpa nem crítica.

Receber com empatia como você está, sem culpa nem crítica.

OBSERVAÇÕES

1. O que eu observo (*vejo, escuto, recordo, imagino, sem avaliar*) que contribui ou não para o meu bem-estar: "Quando eu (vejo, escuto...)"

1. O que você observa (*vê, escuta, recorda, imagina, sem avaliar*) que contribui ou não para o seu bem-estar: "Quando você (vê, escuta...)" (às vezes em silêncio, ao oferecer empatia)

SENTIMENTOS

2. Como me sinto (*emoção ou sensação, não pensamento*) quanto ao que observo: "Eu sinto..."

2. Como você se sente (*emoção ou sensação, não pensamento*) quanto ao que observa: "Você sente..."

NECESSIDADES

3. O que eu necessito ou valorizo (*em vez de preferir ou agir*) que causa meus sentimentos: "... porque eu necessito/valorizo..."

3. O que você necessita ou valoriza (*em vez de preferir ou agir*) que causa seus sentimentos: "... porque você necessita/valoriza..."

Pedindo com clareza o que enriqueceria minha vida, sem exigir

Recebendo com empatia o que enriqueceria sua vida, sem ouvir exigências

PEDIDOS

4. Ações concretas que eu gostaria de tomar: "Eu estaria disposto a...?"

4. Ações concretas que você gostaria de tomar: "Você gostaria de...?" (às vezes em silêncio, ao oferecer empatia)

© Marshall B. Rosenberg. Para mais informações sobre Marshall B. Rosenberg ou o Center for Nonviolent Communication, visite o site www.cnvc.org.

A essência da comunicação não violenta segundo Marshall B. Rosenberg

▶ ## ALGUNS SENTIMENTOS BÁSICOS QUE TODOS TEMOS

Como nos sentimos quando nossas necessidades *são* atendidas

agradecidos	confiantes	extasiados	realizados
alegres	confortáveis	fascinados	revigorados
alertas	contentes	inspirados	surpresos
aliviados	esperançosos	orgulhosos	tranquilos
comovidos	estimulados	otimistas	

Como nos sentimos quando nossas necessidades *não são* atendidas

chateados	desesperançados	intrigados	preocupados
confusos	desorientados	irados	relutantes
constrangidos	frustrados	irritados	saturados
desapontados	impacientes	nervosos	solitários
desencorajados	incomodados	perturbados	tristes

ALGUMAS NECESSIDADES BÁSICAS QUE TODOS TEMOS

Autonomia
* escolher sonhos/ objetivos/valores
* escolher planos para realizar sonhos, objetivos, valores

Celebração
* celebrar a criação da vida e os sonhos realizados
* elaborar as perdas: entes queridos, sonhos etc. (luto)

Interdependência
* aceitação
* amor
* apoio
* compreensão
* comunhão
* confiança
* consideração

Integridade
* amor-próprio
* autenticidade
* criatividade
* significado

Lazer
* diversão • riso

Comunhão espiritual
* beleza • harmonia
* inspiração
* ordem
* paz

* contribuição para o enriquecimento da vida
* empatia
* encorajamento
* sinceridade (a sinceridade fortalecedora que nos

Acolhimento físico
* abrigo
* água
* alimento
* ar
* descanso
* expressão sexual
* movimento, exercício
* proteção contra formas de vida que ameaçam a vida: vírus, bactérias, insetos, animais predadores
* toque

permite aprender com as nossas limitações)
* proximidade
* reconhecimento
* respeito
* segurança emocional

© CNVC. Para saber mais, visite www.cnvc.org.

Resumo de conceitos básicos da comunicação não violenta

COMUNICAÇÃO NÃO VIOLENTA/ CONECTADA COM A VIDA	COMUNICAÇÃO DESCONECTADA DA VIDA
Poder COM os outros	Poder SOBRE os outros
Vencer/vencer (você e eu)	Vencer/perder ou perder/perder (você ou eu)
Linguagem de processo	Linguagem estática
Foco em COMO as pessoas estão (como se sentem e do que precisam)	Foco no QUE as pessoas são (rótulos, diagnósticos, interpretações)
Juízos de valor	Juízos moralistas
Pedidos	Exigências
OBJETIVO: criar e manter um certo tipo de conexão que permita que todos tenham suas necessidades atendidas	OBJETIVO: ter o que queremos
Inspira resposta compassiva	Tende a produzir resposta agressiva ou indiferente
Força usada apenas para proteger a vida	Força usada de maneira punitiva
Aceitação de escolha e responsabilidade pelos próprios atos e sentimentos originados das necessidades atendidas ou não atendidas	Negação de escolha e responsabilidade pelos próprios sentimentos, originados por atitudes de terceiros ou situações alheias a si mesmo

A essência da comunicação não violenta segundo Marshall B. Rosenberg

Não culpa os outros ou a si mesmo	Culpa os outros e/ou a si mesmo
Motivação baseada em ver como suas atitudes contribuem para a vida, atendendo necessidades próprias e dos outros (motivação intrínseca)	Motivação baseada em culpa, vergonha, medo de punição, expectativa de recompensa (motivação extrínseca)
Interdependência E autonomia	Dependência/independência

© Gary Baran e Center for Nonviolent Communication.

Distinção entre sentimentos e pseudossentimentos

Esta lista oferece sugestões de tradução de palavras frequentemente confundidas com sentimentos. Por exemplo, quando alguém diz "Estou me sentindo rejeitado", você pode traduzir como "Você está com medo porque precisa de inclusão?"

PSEUDOSSENTIMENTOS	SENTIMENTOS	NECESSIDADES
Abandonado	Aterrorizado, ferido, chocado, triste, amedrontado, solitário	Carinho, conexão, pertencimento, apoio, cuidado
Abusado	Raivoso, frustrado, amedrontado	Cuidado, carinho, apoio, bem-estar emocional ou físico, consideração
(Não) aceito	Aborrecido, assustado, solitário	Inclusão, conexão, comunidade, pertencimento, contribuição, respeito dos pares
Atacado	Assustado, raivoso	Segurança
Menosprezado	Raivoso, frustrado, tenso, aflito	Respeito, autonomia, ser visto, reconhecimento, apreciação
Traído	Raivoso, ferido, desapontado, enfurecido	Confiança, segurança, sinceridade, honra, comprometimento, clareza
Culpado	Raivoso, amedrontado, confuso, hostilizado pressionado	Responsabilidade, causalidade, equidade, justiça

A essência da comunicação não violenta segundo Marshall B. Rosenberg

Tiranizado	Raivoso, assustado, pressionado	Autonomia, escolha, segurança
Engaiolado	Raivoso, frustrado, amedrontado	Autonomia, escolha, liberdade
Cancelado	Raivoso, ferido, medroso	Compreensão, aceitação, cuidado
Enganado	Ressentido, ferido, raivoso	Sinceridade, equidade, justiça, confiança
Coagido	Raivoso, frustrado, assustado, amedrontado, impedido	Escolha, autonomia, liberdade, agir livremente, escolher livremente
Encurralado	Raivoso, assustado	Autonomia, liberdade
Criticado	Sofrendo, assustado, raivoso, ansioso, humilhado	Compreensão, reconhecimento, responsabilidade, sem julgamento
Desprezado/diminuído	Ferido, raivoso, constrangido, frustrado	Ter importância, reconhecimento, inclusão, apreciação, respeito
Antipatizado/malvisto	Triste, solitário, ferido	Conexão, apreciação, amizade
Ser visto com desconfiança	Triste, frustrado	Confiante, íntegro
Achincalhado	Raivoso, sobrecarregado	Respeito, consideração
Assediado	Raivoso, frustrado, assustado	Respeito, espaço, consideração, paz
Incomodado	Irritado, perturbado, raivoso	Serenidade, autonomia, calma
Ignorado	Solitário, assustado, ferido, triste	Conexão, pertencimento, inclusão
Ofendido	Raivoso, constrangido	Respeito, consideração, reconhecimento
Interrompido	Raivoso, frustrado, ferido	Respeito, ser ouvido, consideração
Intimidado	Assustado, ansioso	Segurança, igualdade, empoderamento

Distinção entre sentimentos e pseudossentimentos

Invalidado	Raivoso, ferido, ressentido	Apreciação, respeito, reconhecimento
Invisível	Triste, raivoso, sozinho, assustado	Ser visto e ouvido, inclusão, pertencimento
Isolado	Sozinho, amedrontado, assustado	Comunidade, inclusão, pertencimento
Excluído	Triste, solitário, ansioso	Inclusão, pertencimento, conexão
Abandonado	Triste, desapontado, assustado	Consistência, confiança, segurança
Manipulado	Raivoso, assustado, impotente, impedido, frustrado	Autonomia, empoderamento, confiança, igualdade, liberdade, livre escolha
Desconfiado	Triste, raivoso	Confiança
Incompreendido	Aborrecido, zangado, frustrado	Ser ouvido, compreensão, clareza
Negligenciado	Solitário, assustado	Conexão, inclusão, participação
Dominado	Raivoso, impotente, indefeso	Igualdade, justiça, autonomia, liberdade
Sobrecarregado	Raivoso, cansado, frustrado	Respeito, consideração, descanso, cuidado
Tratado com condescendência	Raivoso, frustrado, ressentido	Reconhecimento, igualdade, respeito
Pressionado	Ansioso, ressentido	Relaxamento, clareza, consideração
Provocado	Raivoso, frustrado, hostil	Respeito, consideração
Diminuído	Raivoso, triste, constrangido	Respeito, compreensão
Rejeitado	Ferido, assustado, raivoso, desafiador	Pertencimento, inclusão, conexão
Destituído/enganado	Raivoso, ressentido, decepcionado	Consideração, justiça, equidade, reconhecimento, confiança

A essência da comunicação não violenta segundo Marshall B. Rosenberg

Sufocado	Frustrado, amedrontado, desesperado	Espaço, liberdade, autonomia, autenticidade, autoexpressão
Desvalorizado	Triste, raivoso, ferido, desapontado	Apreciação, reconhecimento, consideração
Ameaçado	Assustado, alarmado, agitado	Segurança, autonomia
Atropelado	Raivoso, frustrado, esmagado	Empoderamento, conexão, igualdade, comunidade, consideração, respeito
Enganado	Constrangido, ressentido	Integridade, confiança, sinceridade
Não apreciado	Triste, raivoso, ferido, frustrado	Apreciação, respeito, consideração
Não ouvido	Triste, hostil, frustrado	Compreensão, consideração
Não amado	Triste, perplexo, frustrado	Amor, apreciação, conexão
Não visto	Triste, ansioso, frustrado	Reconhecimento, apreciação
Não apoiado	Triste, ferido, ressentido	Apoio, compreensão
Indesejado	Triste, ansioso, frustrado	Pertencimento, inclusão, cuidado
Usado	Triste, raivoso, ressentido	Autonomia, igualdade, consideração
Vitimizado	Amedrontado, impotente	Empoderamento, segurança, justiça
Violado	Triste, agitado, ansioso	Privacidade, segurança, confiança, espaço, respeito
Ludibriado	Raivoso, ferido, ressentido	Respeito, justiça, confiança, segurança, equidade

© John Kinyon, mediador e treinador do CNVC, cocriador
da abordagem de conflito Mediate Your Life.

Pesquisa em comunicação não violenta

Você encontra uma lista atualizada de artigos de periódicos, dissertações, teses, relatórios de projetos e estudos independentes sobre várias facetas da comunicação não violenta em:

www.nonviolentcommunication.com/learn-nonviolent-communication/research-on-nvc/

Alguns deles são qualitativos, outros são quantitativos e outros, oriundos de métodos mistos. Juntos, começam a oferecer uma base de evidências. Se você tiver concluído uma pesquisa sobre CNV e quiser acrescentar o seu trabalho à lista, entre em contato conosco em: www.nonviolentcommunication.com/feedback-form/.

Sobre a comunicação não violenta

A comunicação não violenta vem crescendo há quase seis décadas em 60 países e superou a marca de 6 milhões de livros vendidos, em mais de 35 idiomas, por uma simples razão: funciona.

A CNV muda vidas todos os dias. Fornece um método fácil de compreender e eficaz para chegar à raiz da violência e da dor de maneira pacífica. Ao examinar as necessidades não atendidas por trás do que fazemos e dizemos, a CNV reduz a hostilidade, cura a dor e fortalece relacionamentos pessoais e profissionais. É ensinada em empresas, salas de aula, penitenciárias e centros de mediação no mundo todo. E vem influenciando mudanças culturais à medida que instituições, empresas e governos integram a consciência da CNV às suas estruturas organizacionais e formas de liderança.

A maioria de nós quer ter as habilidades para melhorar a qualidade das nossas relações, aprofundar o senso de empoderamento pessoal ou simplesmente se comunicar com mais eficácia. Infelizmente, somos educados desde o nascimento para competir, julgar, exigir e diagnosticar: para pensar e se comunicar com as pessoas em termos do que é "certo" e "errado". Na melhor das hipóteses, nosso modo habitual de pensar e falar dificulta a comunicação e cria mal-entendidos ou frustração. E, pior ainda, pode causar raiva e dor e levar à violência. Sem querer, até mesmo as pessoas com as melhores intenções geram conflitos desnecessários.

A CNV nos ajuda a ir além da superfície — a descobrir o que está vivo e vital dentro de cada um e a compreender que todas as nossas atitudes se baseiam nas necessidades humanas que procuramos atender. Aprendemos a desenvolver um vocabulário de sentimentos e necessidades que nos ajuda a expressar com mais clareza o que está acontecendo dentro de nós em determinado momento. Quando entendemos e reconhecemos as nossas necessidades, desenvolvemos uma base compartilhada para relações muito mais satisfatórias. Junte-se às milhares de pessoas no mundo todo que melhoraram seus relacionamentos e sua vida com esse processo simples, mas revolucionário.

Sobre o Center for Nonviolent Communication

O **Center for** Nonviolent Communication (CNVC) é uma organização internacional promotora da paz, sem fins lucrativos, cuja visão é um mundo onde as necessidades de todos sejam atendidas de maneira pacífica. O CNVC dedica-se a apoiar a difusão da comunicação não violenta (CNV) em todo o mundo.

Fundado em 1984 por Marshall B. Rosenberg, o CNVC tem contribuído para uma ampla transformação social do pensar, falar e agir — mostrando às pessoas como se conectar para inspirar resultados compassivos. A CNV é hoje ensinada em todo o mundo em comunidades, escolas, penitenciárias, centros de mediação, igrejas, empresas, conferências profissionais e muito mais. Centenas de treinadores certificados e centenas de outros apoiadores ensinam CNV a dezenas de milhares de pessoas todos os anos em mais de 60 países.

O CNVC acredita que o treinamento em CNV é um passo fundamental para continuar construindo uma sociedade pacífica e compassiva. A sua doação ajuda o CNVC a continuar fornecendo formação em algumas das regiões mais empobrecidas e violentas do mundo. Também apoia o desenvolvimento e a continuação de projetos organizados destinados a levar a formação em CNV a regiões geográficas e populações extremamente necessitadas.

Para fazer uma doação ou para saber mais sobre os valiosos recursos descritos a seguir, visite o site do CNVC em www.CNVC.org:

- Treinamento e certificação — Encontre oportunidades locais, nacionais e internacionais de treinamento, tenha acesso a informações sobre certificação de instrutores, conecte-se com comunidades e instrutores locais de CNV e muito mais.

- Livraria do CNVC — Encontre informações sobre pedidos por correio ou telefone de uma seleção completa de livros, manuais, materiais de áudio e vídeo sobre CNV.
- Projetos do CNVC — Participe de um dos vários projetos regionais e temáticos que fornecem foco e liderança para o ensino da CNV em uma atividade ou região geográfica específica.

O autor

O professor doutor Marshall B. Rosenberg (1934-2015) fundou o Center for Nonviolent Communication e foi por muitos anos o diretor educacional dessa organização internacional de manutenção da paz.

Escreveu 15 livros, entre eles *Comunicação não violenta — Técnicas para aprimorar relacionamentos pessoais e profissionais*, best-seller que vendeu mais de 6 milhões de exemplares em mais de 35 idiomas, com outras traduções em andamento.

Rosenberg recebeu vários prêmios por seu trabalho com a comunicação não violenta, como:

- 2014 — Prêmio Defensor do Perdão, da Aliança Mundial do Perdão.
- 2006 — Prêmio de Não Violência Ponte da Paz, da Fundação Global Village.
- 2005 — Prêmio Luz de Deus Expressa na Sociedade, da Associação das Igrejas da Unidade.
- 2004 — Prêmio Internacional de Obras Religiosas em Ciências Religiosas.
- 2004 — Prêmio Homem da Paz do Dia Internacional da Healthy, Happy Holy Organization (3HO).
- 2002 — Prêmio de Reconhecimento da Princesa Anne da Inglaterra e de Restabelecimento da Justiça do Chefe de Polícia.
- 2000 — Prêmio Ouvinte do Ano da International Listening Association.

Rosenberg usou o processo da CNV pela primeira vez em projetos de integração de escolas financiados pelo governo dos Estados Unidos para capacitação em habilidades de mediação e comunicação durante os anos 1960. O Center for Nonviolent Communication, fundado por ele em 1984, agora conta com centenas de instrutores e assistentes certificados que ensinam a CNV em mais de 60 países. Palestrante muito requisitado, pacificador e líder visionário, Rosenberg ministrou oficinas de CNV e treinamentos intensivos internacionais para dezenas de milhares de pessoas em dezenas de países ao redor do mundo, além de ter dado treinamento e instituído programas de paz em diversas regiões em conflito, como Nigéria, Serra Leoa e Oriente Médio. Trabalhou incansavelmente com educadores, gerentes, assistentes sociais, advogados, militares, prisioneiros, policiais, agentes penitenciários, funcionários públicos e famílias. Com extrema disposição e energia espiritual, Marshall B. Rosenberg nos mostrou como criar um mundo mais pacífico e agradável.

www.gruposummus.com.br